大数据实践之路

数据中台+数据分析+产品应用

林泽丰 许秋贵 陈斌 陈丽媛 等著

电子工业出版社

Publishing House of Electronics Industry

北京·BEIJING

内 容 简 介

本书共 13 章，汇集了 7 位作者（来自多个大型互联网企业）的知识总结和经验分享。本书借助老汤姆、小风、阿北、小诺在某电商企业数据部门工作的故事，通过大量案例深入浅出地介绍了数据中台建设与应用之路。本书以 Why-What-How 的思路展开，从 0 到 1 介绍知识点，并重点讲述 How 的过程，同时结合某个场景下的具体案例，以使读者更好地理解实操过程。

每个企业都会面临各种各样的数据问题，有数据质量的问题、数据获取效率的问题、数据应用价值的问题等。本书首先介绍数据中台的建设，确保数据的质量，为企业的数据质量体系建设提供坚实的基础；然后，进行深入业务的分析探索，介绍如何从数据分析角度更好地赋能业务发展；最后，介绍数据应用，解决数据获取效率的问题，并把一些分析思路和业务策略沉淀为数据产品，从而更好地将数据应用于业务。本书结合多个大型互联网企业的实际项目案例，让读者真正掌握数据产品经理这个新兴职业的必备技能和核心能力。

本书主要面向数据产品经理，数据分析师、数据运营人员等数据行业从业者也可以在本书中找到一些思路和方法，如了解数据的应用、掌握分析方法等。本书也可以为想转行做数据产品经理的读者提供帮助。

图书在版编目（CIP）数据

大数据实践之路：数据中台+数据分析+产品应用 /林泽丰等著. —北京：电子工业出版社，2021.9
ISBN 978-7-121-41665-1

Ⅰ．①大… Ⅱ．①林… Ⅲ．①企业管理－数据管理 Ⅳ．①F272.7

中国版本图书馆 CIP 数据核字（2021）第 151626 号

责任编辑：石悦　　　　　　　特约编辑：田学清
印　　刷：北京七彩京通数码快印有限公司
装　　订：北京七彩京通数码快印有限公司
出版发行：电子工业出版社
　　　　　北京市海淀区万寿路 173 信箱　　　　　邮编：100036
开　　本：720×1000　1/16　　印张：15.5　　字数：275.3 千字
版　　次：2021 年 9 月第 1 版
印　　次：2025 年 1 月第 7 次印刷
定　　价：69.00 元

凡所购买电子工业出版社图书有缺损问题，请向购买书店调换。若书店售缺，请与本社发行部联系，联系及邮购电话：（010）88254888，88258888。

质量投诉请发邮件至 zlts@phei.com.cn，盗版侵权举报请发邮件至 dbqq@phei.com.cn。

本书咨询联系方式：010-51260888-819，faq@phei.com.cn。

前 言

为什么写本书

我在写完《数据产品经理修炼手册：从零基础到大数据产品实践》后，一直想对它进行迭代和升级。数据产品经理是一个新兴的职业，其知识体系在几年之后或多或少会有一些变化，但是由于我工作繁忙，很难抽出时间来专注地打磨，因此这个想法就被搁置了。

公众号"一个数据人的自留地"的不断壮大和发展创造了一个契机。随着更多的数据人加入该公众号的创作者队伍中，我们成立了创作者联盟。创作者联盟是一个由一群爱分享的人组成的联盟，其成员都是来自各大互联网企业的数据人，有数据产品负责人、数据分析师，还有算法工程师等。突然有一天，我就在想，是不是可以组织创作者联盟的成员一起为数据行业贡献一本好书，这样也能进一步迭代《数据产品经理修炼手册：从零基础到大数据产品实践》的体系。我的这个想法和创作者联盟的 6 位成员的想法不谋而合，就这样，我组建了一个写书小分队。

然而，组织多人写书会面临很多问题：每个人的写作风格不同、工作节奏不同、写作思路不同。如何协调好多人协同完成一本书的写作是我在这个过程中面临的最大挑战。为了统一大家的写作风格，我们构建了本书的故事背景，并用讲故事的方式把整本书串联起来。大家的写作思路不同，我们就一起讨论，最终决定以方法论结合实例的方式把"干货"呈现给读者。无论是在内容难度上，还是在时间耗费上，本书都远超了预期。为了保证本书内容的质量，每位作者在写完自己负责的那部分内容后都要进行交叉阅读，并给予反馈，同时改进本书的内容。

经历一年的打磨，本书终于和大家见面了。我深知写一本能够让所有读者都满意的书是极难的，如果读者在阅读过程中有问题和想法，欢迎给我们反馈。

本书的结构和内容

本书是用讲故事的方法来讲述的，在电商企业的故事背景下，我们用老汤姆、小风、阿北、小诺等人物的经历串联了本书。本书从困扰数据人的三大数据问题出发，从数据中台、数据分析、数据应用3个方面分别阐述如何建设数据和应用数据。

数据中台篇讲述了通过开发一系列数据工具（元数据中心、数据指标中心、数仓模型中心、数据资产中心、数据服务中心），来解决企业在发展过程中，由于数据的激增与业务的扩大而出现的统计口径不一致、重复开发、指标开发需求响应慢、数据质量低、数据成本高等问题，从而规范数据供应链的各个环节，以一种标准的、安全的、统一的、共享的、服务化的方式支撑前端的数据应用。

数据分析篇从宏观（业务和数据）、中观（工作内容和合作）和微观（3种分析场景实操）3个维度介绍与数据分析相关的知识点，旨在帮读者建立系统的能力模型，为做好业务分析、培养专业素养打好基础。

数据应用篇主要介绍数据应用层的建设，即数据在业务中的实际应用，包括 BI 系统的建设、标签体系和用户画像体系的建设、电商反作弊和个性化推荐的应用，帮助企业实现降本提效的商业目标。

编写分工

本书主要由7位作者参与撰写，具体的编写分工如下：第1章由梁旭鹏编写，第2~6章由林泽丰编写，第7章和第8章由许秋贵编写，第9章由黄为伟、陈勃编写，第10章由陈丽媛编写，第11~13章由陈斌编写。

致谢

非常感谢和我一起合作的创作者在百忙之中抽出时间，无私地把自己的工作经验分享出来，并一遍遍地打磨本书。同时，感谢王开碧、艾华丰，以及公众号"一个数据人的自留地"创作者联盟的成员，他们对本书提出了宝贵的意见。

感谢电子工业出版社的石悦编辑，他在与我完成《数据产品经理修炼手册：从零基础到大数据产品实践》的出版后，又支持我们完成了本书的编写，对本书的结构和写作提出很多宝贵的意见。

感谢"一个数据人的自留地"公众号的所有读者，他们的关注让针对数据人的写作和分享这条路越走越远。

随着 5G 的普及，我们会逐步进入物联网时代。区别于现在的移动互联网，物联网可以实现万物互联，数据量将远远超过以往的任何时候，数据的价值也会被无限放大，未来是数据人最好的时代。人生是一场长跑，希望本书能够陪伴各位读者成长。

梁旭鹏

2021 年 4 月

目 录

数据中台篇

数据分析篇

数据应用篇

第 1 章

那些困扰我们的数据问题

1.1 数据质量的问题

老汤姆最近去了一个电商企业，担任数据部门的总监一职，负责企业所有与数据相关的工作内容，管理数据开发、数据工程、数据产品和数据分析等团队。

按照老汤姆以往的经验，入职第一周，他需要同合作部门都进行交流，了解业务现状及合作部门对数据部门的反馈意见，以方便后续开展工作。因此，他和各个业务部门的负责人都约了一对一面谈。

很多业务部门的负责人都不约而同地提及了一个"痛点"——数据质量的问题。例如，报表的数据产出经常延迟，甚至经常出现数据不一致的情况，这让大家很困惑；除此之外，还有指标同名不同义、同义不同名的情况等。听着各业务部门负责人的吐槽，老汤姆不好意思地直挠头。

接着，老汤姆和团队的每位成员也做了一对一的面谈。当和数据产品经理小风（负责建设数据中台）交流时，老汤姆也感受到了他被数据质量的问题所困扰。

针对当前出现的问题，小风已经设计了一些方案和解决办法。在听完老汤姆介绍自己的履历和经验之后，小风带着求知若渴的眼神说："老汤姆，最近大家在用数据的时候，发现质量很差。都知道数据质量很重要，我设计了一些数据中台的架构和方案，对你的经历也比较好奇，能简单和我讲讲你们之前是怎么做的吗？"

老汤姆看着小风，意味深长地说："关于数据质量，我想先和你简单地说一下提升数据的价值。随着业务的发展，数据量会呈现爆炸式的增长，数据能发挥的价值会越来越大，数据质量的问题就会越来越严重。低质量的数据不仅使用不便，还有可能误导决策，导致灾难性的结果。说得直接一点，数据质量的高低决定了数据是否能够真正发挥价值。"

还没等老汤姆说完，小风就打断："这些我都知道，各个业务部门一直在反复吐槽数据质量的问题，其实就已经从侧面反映出了数据质量的价值。可是，我们现在没有统一的标准去衡量数据质量的高低，有了衡量标准才好确定工作方向啊！"

老汤姆看小风有点儿着急，耐心地解释："如何判断数据质量的高低呢？什么样的数据是高质量的呢？引用美国著名的质量管理学家 J. M. 朱兰（J. M. Juran）的一句话：If they are fit for their intended in operations, decision making and planning。意思是如果根据这些数据做出的操作、决策和规划符合之前的预期，那么这些数据是高质量的。换个角度来理解，高质量的数据可以真实地反映它们所代表的主体信息。说到判断数据质量的标准，不得不提一个词，大家应该经常用到，就是 SLA，Service-Level Agreement，即服务等级协议，指的是系统服务提供者（Provider）对客户（Customer）的一个服务承诺。"

小风听到这，赞同地点点头："我听说过 SLA 这个词，之前我们也会给业务方承诺 SLA，可是我们承诺的大部分 SLA 都没有达到，所以慢慢地 SLA 就名存实亡了。"说到这，小风不好意思地挠挠头。

老汤姆宽慰地笑了，拍了拍小风的肩膀："你说的这些问题业务方都反馈过。其实 SLA 只是一种方式，数据质量可以通过很多维度去衡量。我给你重点解释一下。"

从定性的角度来看，数据质量的衡量涉及数据的完整性、数据的准确性、数据的一致性、数据的规范性及数据的时效性等，如图 1-1 所示。其中，数据的完整性要求业务涉及的数据是完整的，能够对业务造成很大影响的数据都要保持一定的完整性；数据的准确性要求数据是准确无误的，且在精度上能满足业务的需求；数据的一致性要求同一个指标的口径要一致，不能有二义性；数据的规范性要求数据是被有效组织的，并且能够被高效地获取；数据的时效性要求业务数据都是最新的，而不是无效的过期数据。

图 1-1

1．数据的完整性

数据的完整性主要是通过采集数据的完整程度来衡量的，它被用于评估应采集数据和实际采集数据之间的差异。例如，在电商的用户个人信息页中，电商平台会让用户完善头像、昵称、性别、出生日期等数据；在用户下单的过程中，电商平台会让用户填写收件人、收件地址、电话号码等信息，如果用户仅填写了部分信息，电商平台采集到的数据就是不完整的。

数据的完整性体现了数据的质量，只有基于更多完整的数据，才能发现更多的信息，实现多场景探索和更大价值的挖掘。

2．数据的准确性

数据的准确性反映数据值和真实值之间的差距，即误差，误差越大，准确性越低。数据的准确性至关重要，只有基于准确的数据做出的决策才是真实可靠的。

例如，订单量这个指标，业务真实发生的有 100 万笔订单，而数据统计的只有 92 万笔，数据值和真实值之间有 8 万笔的误差，误差达到了 8%，这对业务的目标达成率评估和任务拆解都可能造成误导。因此，我们需要严格保证数据的准确性。

3．数据的一致性

数据的一致性要求对于同一个指标，数据的数值要是一致的。数据的一致性是数据部门经常面临的一个问题，从不同出口出来的数据不一致，导致用户不知道以哪一份数据为准，从而怀疑数据的质量，并对数据部门产生不信任感。

4．数据的规范性

数据的规范性要求数据被按照统一的格式存储、被有效组织，并且能被高效地获取。例如，数仓（数据仓库的简称）通过规范表的命名、表的注释等，可以让数据被更有组织地管理，后续也能被高效地获取和使用。

5. 数据的时效性

数据的时效性要求数据能够被及时产出。我们经常遇到的一些情况是，业务部门希望能够在早上 8 点看到数据，以便指导业务动作，但是，由于数据的时效性存在问题，数据在中午 12 点才被产出。数据的时效性也是 SLA 重点强调的一部分，关于数据服务承诺，可以量化的最重要的指标就是数据的时效性。要想很好地服务于业务，提升用户体验，我们就要保证数据的时效性。

综上所述，数据质量很重要，大家千万不要小看数据质量的问题，它是一切数据建设和数据产品化的基础。数据质量的问题在很多小企业中尤为严重，这些企业采用"业务先发展，数据后治理"的思路，导致后期做数据治理的成本极高，甚至到了数据质量影响业务发展，企业不得不重新采集数据的地步，对时间成本和人力成本造成极大的浪费。这非常不可取。

在后面的章节中，老汤姆会带领小风提升数据的质量，还会建设完善的数据中台，彻底解决上面提到的数据完整性、数据准确性、数据一致性、数据规范性及数据时效性的问题。

用一句话来总结数据质量的重要性：产品千万种，数据第一条，建设不规范，企业两行泪。

1.2　数据获取效率的问题

除了 1.1 节说到的数据质量的问题，老汤姆来到这个发展速度越来越快的电商企业后，还面临着数据获取效率低的问题。在业务快速发展时，涌现出大量临时取数（提取数据的简称）的需求，数据开发工程师已经有些招架不住了。由于前期数据基础建设不充分，也没有对数仓进行分层设计，维度表和事实逻辑表等主题数据都没被搭建起来，数据获取的成本极高，有的时候研发工程师甚至需要重复地去原始表中处理数据，既浪费人力，又影响效率。这让研发工程师和数据分析师都觉得自己像个"工具人"，每天都在解决无穷无尽的数据需求，一眼看不到头；觉得自己没有成长，甚至产生了离职的想法。这种状态是不可持续的，数据部门必须想出一个解决方案。

除了自己部门反馈的这些困扰和问题，业务部门也经常抱怨数据需求总是延迟交付。造成这个问题的根本原因是大部分需求都需要依赖人力，导致开发时间长、效率低。

这样就容易形成恶性循环，数据部门长期被数据需求压得喘不过气来，数据的价值无法发挥。

老汤姆意识到了事态的严重性，赶快拉着小诺（负责数据产品化建设）和研发工程师一起开会，讨论如何解决数据部门当前面临的这些问题。刚进会议室，老汤姆就开门见山地说："咱们部门的内部人员和业务部门的同事都向我反馈数据需求处理速度慢、数据获取效率低的问题，基于这个背景，我约大家来聊一下提升数据获取效率的问题，各位可以先发表一下自己的看法。"

这时，负责数据中台化建设的小风第一个发言："之前的数据开发都是烟囱式的，每次来一个需求都垂直开发一套数据，为了提高人效，就得先改变这种状态，首先要实现数据的分层和建模，完成数据中台化，由数据中台开发和提供统一的指标体系和数据服务。例如，建设元数据中心、数据指标中心、数仓模型中心、数据资产中心等，并最终基于完善的数据中台，建立数据服务中心和自助分析平台，规范数据的统一出口，从而提升整体数据服务的交付效率和研发速度。"

老汤姆赞同地点点头，补充说："小风说的数据中台化很重要，这是我们提升数据质量和数据获取效率的基础。在这个方面我们可以统一规划，做一个产品方案和项目计划。这件事由小风来负责，重点解决数据质量和数据获取效率的问题。"

小风做了一个OK的手势，并在会议纪要上给自己记下了一个待办事项。

不一会儿，小诺接着说："小风刚才说的能够解决一部分问题，但是，有些用户需要提取指标类数据，有些用户需要提取明细数据。针对不同主题指标的展示需求，其实市面上已经有很多解决方案，如神策数据、Tableau 等，都是基于指标数据来自助创建不同样式的可视化报表的，针对固化类的需求，做成指标展示给用户，让用户自己查看报表并提取数据。而针对用户提取明细数据的需求，其实开源工具也提供了一些解决方案，如 HUE 等工具支持用户自己输入 SQL（Structured Query Language，结构化查询语言）来查询数据，但是这对不熟悉 SQL 的用户来说存在一些问题。首先，并不是所有用户都有 SQL 基础，很多用户不会写 SQL，或者自己写的 SQL 不正确，导致查询的数据是错误的；其次，用 SQL 查数据，就要有表权限，这就存在一定的安全风险。为了进一步提高数据的获取效率和安全性，我们需要针对 SQL 和数据表在产品层面做进一步的封装，设计一款明细数据提取工具，让用户可以通过拼凑筛选查询条件，快速且高效地自助查询到明细数据。"

老汤姆投来了赞许的目光，对小诺说："小诺说得很对，在当前阶段，我们最缺少的是一个自助数据分析平台。我们要设计一个工具，能够让业务方自己通过数据中台提供的数据，自助化配置日常报表，而不再依赖研发工程师人力开发，同时可以结合一些 SQL 模板等功能，实现对业务方友好的明细数据提取功能，真正满足业务方既要快速看到指标数据，又需要查询到明细数据的需求，在解放人力的同时，提升大家的工作效率。小诺，接下来你作为自助数据分析产品化的主要负责人吧，从产品工具层面来提升数据的获取效率。"

小诺点点头，认领了这个项目。

就这样，这个闭门会议愉快地结束了，会议定下了数据中台产品化的战略。所谓数据中台产品化，是指通过自助数据分析平台来提高数据的获取效率，让业务方自己完成数据的获取，而不必再耗费研发资源，这样可以进一步释放研发部门的人力，从而可以将更多的资源放在数据建设上。并且通过底层数据质量建设和基础建设，完成数据的模型设计，在数据生产环节，既可以快速地满足业务方的数据需求，又能满足数据分析师使用数据的诉求。数据中台产品架构如图 1-2 所示。

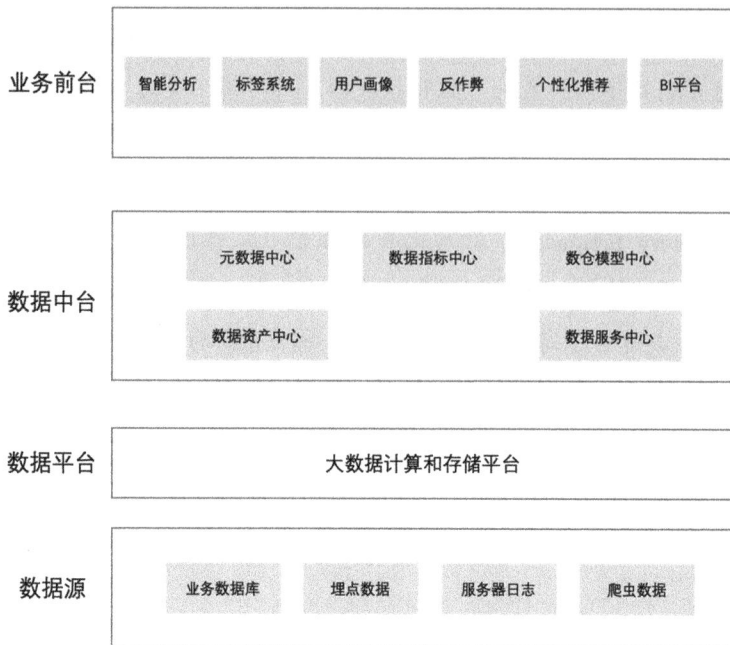

图 1-2

本次会议是数据部门主动出击的第一步。只有在数据中台产品化战略的基础上，才能实现高效获取数据的目标，提升数据部门的工作效率，真正释放研发的效能。也只有这样，数据部门才能节省更多的时间，探索数据赋能业务的场景，挖掘更多数据在业务价值上的应用。

1.3　数据应用价值的问题

随着数据质量和数据获取效率的逐步提升，大家在这方面的"痛点"和诉求已经基本被解决和满足。但是，又有新的问题摆在老汤姆面前，最近老汤姆被老板和业务部门问得最多的一个问题变成了：数据部门如何才能体现自己的业务价值？注意，这里说的是业务价值，而不仅仅是价值。二者的差别很大，业务价值特指能够在业务中真正产生数据应用的价值，比较偏向数据赋能业务场景的价值体现。

对数据部门的人来说，谈到数据应用价值，就类似于人类的终极问题：你从哪里来，要到哪里去。这是所有数据从业者都要面临和思考的问题。大家都应像思考人生一样来思考数据的价值，以及数据真正能够给业务带来哪些应用价值。

在老汤姆、小凤、小诺等人的努力下，数据部门实现了数据治理、建设了数据中台，同时上线了自助数据分析部门交流平台等数据产品，数据的质量和获取效率现在都不是大问题，唯独业务应用场景做得还不够好。最近，老汤姆除了和老板、业务部门交流，还经常拉着小诺、阿北一起探讨数据的业务应用价值。

老汤姆首先向阿北发问："阿北，你平时在做数据分析的时候接触业务最多，你觉得哪些方面的数据可以直接产生业务结果或者能够赋能业务？"

阿北想了一会儿，若有所思地说："在我日常的数据分析工作中，有一点比较尴尬，就是我没办法直接影响业务，而需要和产品部门、运营部门一起合作，才能放大数据的价值，驱动业务发展。我感觉数据分析师有点像团队的军师，所以其实能够直接赋能业务的应用和产出并不是特别容易显现。但是通过数据分析的过程，我确实能够察觉到业务上的一些关键问题，也能发现数据可以发挥价值的应用点，这些我之前和小诺反馈、讨论过，他一会儿可以重点说一下。"

老汤姆拍了拍阿北的肩膀，鼓励地说："好的，小诺，一会儿你就来列一下你们之前讨论的数据应用点吧。另外，阿北，你要达到军师的程度很不容易，这取决于你对自己的定位，业务方对数据分析师的定位，你是否愿意花更多的时间在工作上，你的专业能力、沟通合作能力，以及团队互相间的信任程度等。而这些都需要团队不断地磨合，才会产生好的结果。如果你能在这方面做好，业务方就能间接地感觉到数据的价值。"

阿北赞同地点点头，这时在一旁的小诺补充："我觉得，在电商行业，最核心的问题是提升 GMV（Gross Merchandise Volume，商品交易总额），而 GMV=访问用户数×转化率×客单价，在访问用户数、客单价不变的情况下，提升转化率是提升 GMV 最直接的方法。在这个环节，数据能做的事有很多。如果从业务的用户获取、搜索推荐、补货、物流这些关键环节来看，那么目前企业的业务依然存在很多关键问题，而针对这些关键问题，数据能够发挥价值和应用的方面还是挺多的。"

老汤姆眼前一亮，追问小诺："小诺不错啊，没想到你的业务意识还不错。你接着往下讲，可以列一下电商行业一些重要业务中的关键环节，以及你遇到的问题和数据能够发挥的价值、应用点。"

小诺不急不慢地把旁边的画板拖过来，开始写起来。

只见小诺在写完业务关键环节数据问题及应用点（见图 1-3）后，指着每个关键环节开始讲解：

	用户获取	搜索推荐	补货	物流
关键问题	✔ 怎么实现用户增长？	✔ 怎么把商品推荐给潜在买家？	✔ 怎么预测商品的合理补货量？	✔ 在邮递过程中如何优化物流路线？
数据应用	✔ 基于用户画像精准营销 ✔ 活动反作弊	✔ 精准匹配用户画像和商品画像，实现智能推荐	✔ 智能补货	✔ 物流配送资源优化

图 1-3

"在用户获取环节，我们可以实现精准营销，而精准营销的基础是用户画像。因此，我们首先要建立一套丰富的用户画像标签体系，并且能够基于用户画像进行精准营销，实现访问用户数量的增长。在电商组织的节日活动中，经常会有'电商黑产'来'薅羊毛'。通过数据实现反作弊，把'羊毛党'拒之门外，让优惠被真实的用户领到，具有很大的业务价值。

"在搜索推荐环节，我们可以提升搜索系统的准确性，让用户尽快搜索到自己想要的商品。在推荐环节，我们要实现个性化推荐，基于用户画像和商品画像，形成人和货的准确匹配，最终实现给用户推荐的商品尽可能多地被用户购买的目的。

"当用户购买完商品后，商品的库存量会减少，这时电商需要对商品进行补货。电商需要知道哪些商品应该补货、补多少。而在这背后数据的价值太大了，如电商可以通过商品的历史购买情况来预测未来的销售数据，从而实现智能补货。

"在物流环节，数据还可以被应用于物流供给与订单需求匹配方面。在这个过程中，电商需要分析某个时间段、某片区域的物流供给与订单需求数据情况，从而进行合理的物流资源的安排。很多电商的物流资源主要是运力资源和仓储资源，同时，电商的物流有很大的变化，电商需要实时分析市场变化情况，从大数据中获取当前的需求情况，并通过历史数据预测未来的需求情况，从而实现对物流资源的合理利用。

"这些都是我和阿北在一起聊天时，阿北提出的'痛点'，他也希望能够把数据分析思路和策略产品化，为业务带来更多的价值。"

老汤姆给阿北和小诺竖起了大拇指，说："你俩说得都很好，咱们经过梳理发现数据可以发挥价值的点确实还有很多，如小诺可以用产品化的方式实现用户画像、反作弊、个性化推荐等数据应用，阿北可以从数据分析的角度实现一些能够直接影响业务方向的数据分析报告，扮演好军师的角色，这样数据想不体现价值都难。通过这些方法，我们就能实现业务目标和方向都有数据可依、业务关键问题有数据应用赋能的局面，充分体现和发挥数据的价值。"

说到这，大家相视一笑，经过这么一场头脑风暴，老汤姆、小诺和阿北的思路豁然开朗。原来，在电商行业，数据对业务的价值远远没有被挖掘出来，数据还有很大的业务价值空间待开发。

数据中台篇

  数据中台起初只是作为一套架构理论和指导思想被提出的，但是经过摸索和实践，数据中台在业内已经逐渐演变成一个完整的系统性工程，在组织架构、数据架构、技术选型、流程规范等方面都具有明确的设计思路与执行细节。建设数据中台的主要目的是解决企业在发展的过程中，由于数据的激增与业务的扩大而出现的统计口径不一致、重复开发、指标开发需求响应慢、数据质量低、数据成本高等问题。通过开发一系列数据工具（元数据中心、数据指标中心、数仓模型中心、数据资产中心、数据服务中心），规范数据供应链的各个环节，以一种标准的、安全的、统一的、共享的、服务化的方式支撑前端的数据应用。

第 2 章

元数据中心

老汤姆："在上次月会复盘时，大家反馈了一些问题，如表信息等无处可查，在表字段信息发生变更时难以评估对下游的影响等，而且常常上游执行变更了，下游却未收到变更通知。"

小风："嗯，确实是，目前对于数据平台相关信息的查询主要是通过人问人或者Wiki（内部文档平台）等进行查询的。同时，在每次发生变更时，我们都在尽全力进行周知，但因为缺少血缘链路，一方面我们在进行周知时，可能有遗漏（原本应该被周知到的下游未被周知到，导致部分变更工作的衔接脱节）；另一方面我们可能对下游造成不必要的打扰（原本本次变更不会对该下游产生影响，但因怕遗漏，所以我们无差别地对其进行了周知）。"

老汤姆："那针对这些老大难问题，你是否有系统化的解决方案呢？"

小风："是的，目前我们正在规划元数据中心，有了元数据中心，我们就可以较好地解决这些问题。"

1．系统、全面地查询元数据信息

通过元数据中心，我们可以系统、全面地查询到各个表、指标的元数据信息和血缘信息。例如，通过元数据中心，数据部门能比较轻易地获取表的描述信息、表如何使用的信息，以及表字段及下游引用血缘等信息。

2．变更评估及精准变更周知

当表字段或者指标变更时，通过元数据中心的血缘链路，数据部门可以比较方便地评估该次变更对下游的影响，以及大致的变更工作量，确保变更工作能有序、有计划地开展。

3．协助数据问题定位及解决

在日常业务过程中，数据部门常常需要修复一些问题（数据的一致性、时效性等）。但数据从被采集到最终被应用涉及采集、存储、加工、查询、可视化等链路，如果不能较准确地定位问题，那么从 0 开始全链路盘查的工作量之大可想而知。此时，借助血缘链路，数据部门可以快速定位问题所在，从而缩短解决问题所需的时间。

2.1　元数据中心概述

元数据中心是数据中台最基础的系统（图 2-1），其他系统都需要搭建在它之上。无论是数据资产中心的资产管理与资产治理，数仓模型中心的调度配置、依赖配置，还是指标设计中心的指标生产逻辑，都需要通过元数据中心整合与控制。

图 2-1

因此，元数据中心需要实现三大模块的内容。

（1）数据整合。

（2）数据管理。

（3）数据地图。

2.2 元数据中心的核心功能

2.2.1 数据整合

因为元数据中心是数据中台的基础设施，其他系统都需要以它为基础搭建，所以它需要能够支持不同的结构化数据源，如 MySQL、Hive、Oracle 等，还需要能够支持半结构化的数据源，如 Kafka、Redis、HBase 等，并且要考虑不同数据源的不同集群。

通过配置定时采集器的方式，对数据进行采集，如图 2-2 所示。

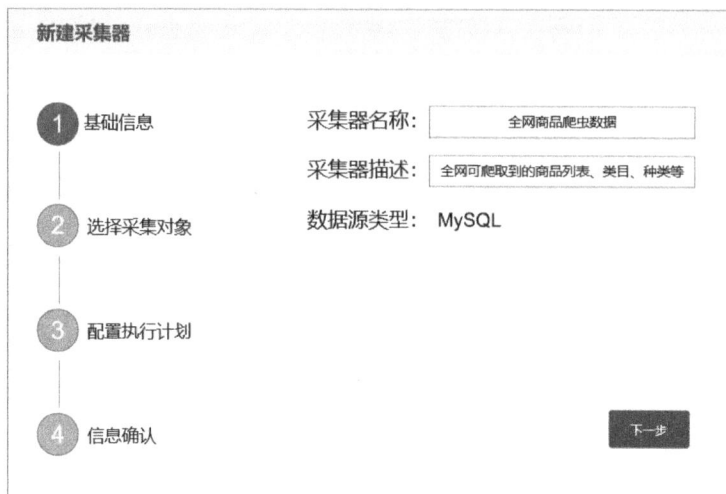

图 2-2

采集器有以下两种采集计划。

（1）场景采集：根据实际的业务场景，在业务需要时才进行采集。

（2）周期采集：按照时间周期，如月采集，在每月的特定时间进行采集，还有
周采集、天采集、时采集等。周期采集设置如图 2-3 所示。

图 2-3

2.2.2 数据管理

数据管理就是管理数据中台所有的元数据，元数据即描述数据的数据。这个概念其实不难理解，我们举一个电影的例子来说明：要判断一部电影是否热门，我们可以用一些指标来描述它，如购票人数、退票人数、上座率、排片率等。这些都是描述电影本身的数据。但除了这些数据，还有另外一些数据，如统计周期、产出时间、计算逻辑等，这些数据不是描述电影的，而是描述购票人数这个指标的，所以它们是关于电影的数据的数据，即电影的元数据。

在数据中台中，元数据的类型有很多，如以下几类。

（1）数据表的名称、关系、字段、约束、存储位置等。

（2）数据表与字段之间的流程依赖关系。

（3）事实逻辑表、维度表、属性、层次的描述信息等。

（4）指标的生成逻辑、数据流向，物理表与逻辑表之间的映射关系等。

（5）调度系统的相关调度配置、调度周期等。

（6）哪些表何时被人访问、何时被稽查、何时被人调用、调用情况等。

针对不同类型的元数据，我们可以把它们组织起来分为 3 组：数据属性、数据字典、数据血缘。下面用一个实际的例子来详细说明这 3 组元数据的来源、内容与实现方式。

如图 2-4 所示，这是一个订单数据的开发流程，订单交易明细表（dwd_goods_order_df）通过一个任务（task_dws_goods_sku_1d），按照 SKU（库存量单位）的粒度，计算每日 SKU 的交易金额和订单数量，最终输出到 SKU 每日汇总表（dws_goods_sku_1d）中。

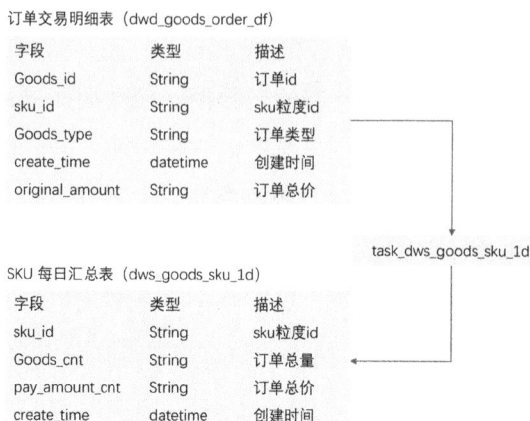

订单交易明细表（dwd_goods_order_df）

字段	类型	描述
Goods_id	String	订单id
sku_id	String	sku粒度id
Goods_type	String	订单类型
create_time	datetime	创建时间
original_amount	String	订单总价

task_dws_goods_sku_1d

SKU 每日汇总表（dws_goods_sku_1d）

字段	类型	描述
sku_id	String	sku粒度id
Goods_cnt	String	订单总量
pay_amount_cnt	String	订单总价
create_time	datetime	创建时间

图 2-4

1. 数据属性

数据属性主要是关于数据本身的描述，就好比我们描述用户，我们会用年龄、性别、身高等属性来描述用户，这些属性可以勾勒出用户的基础印象。我们也可以用一些基础的数据来描述数据属性。这些数据有几种类型：基础信息、标签信息、业务信息、技术信息、权限信息。

以图 2-4 中的 SKU 每日汇总表（dws_goods_sku_1d）为例。

基础信息如图 2-5 所示。

产出任务ID	110012
存储空间有多大	13TB
有多少访问热度	每周30次
所属主题域、分层、是否分区	消费域、dws、分区表
表关联的指标	每日SKU粒度交易金额
表负责人是谁	XF.LIN
几时创建的	20201212.17:01:01
生命周期多久	永久

图 2-5

标签信息如图 2-6 所示。

权限标签	根据不同权限设置标签
价值标签	按照数据的价值设置标签
分类标签	按照主题、分层、指标等设置标签

图 2-6

标签的维护是靠基于元数据中心的各个数据中台支撑产品下沉到元数据中心上的。例如，指标系统创建了一个指标，在模型设计中，我们会为某个表的某个字段关联一个指标，之后指标和表就产生了关联关系，关联关系就会下沉到元数据中心，以标签的形式存在。

技术信息如图 2-7 所示。

所属的工作空间	大数据平台V1
环境的类型	生产环境
所属类目	无
中文名	订单交易明细表
DDL最后变更时间	20201212.24:00:00
最后数据变更时间	20201212.24:00:00
最后数据查询时间	20201220 18:05:23

图 2-7

权限信息与业务信息整合在一起，如下。

项目：dataplatform_dev。

数仓层级：dwd。

主题域：交易域。

权限状态：无权限。

2．数据字典

数据字典与数据属性有些相似，但是它主要描述数据的结构信息。其主要的数据来源是数仓模型中心的数据表的相关配置、调度系统等，如图 2-8 所示。

表名	dws_goods_sku_1d
注释信息	记录每日交易的明细记录
表的产出任务	task_dws_goods_sku_1d
每个表有哪些字段	sku_id,order_cnt等
每个字段的信息	含义、类型、热度等
每个分区的信息	记录数、存储量等
变更日志信息	类型、粒度、时间等
产出日志的信息	节点、执行时间等

图 2-8

对数据属性与数据字典的内容进行组织后，其展示效果如图 2-9 所示。

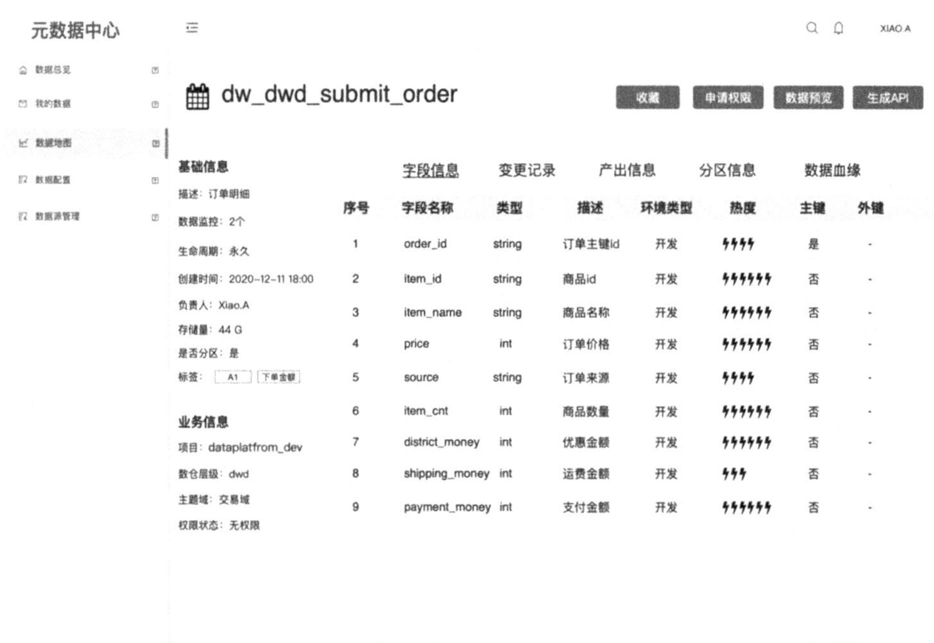

图 2-9

3．数据血缘

数据血缘主要描述表与表之间的关系。其主要的数据来源是数仓模型中心的调度依赖配置、数据指标中心的指标生产逻辑、数据服务中心的逻辑表配置信息等。

数据血缘是元数据建设中最重要的一个模块，对于后续的数据问题排查与数据资产评估都具有非常大的作用。数据血缘的作用主要体现在如下几个方面。

1）问题定位排查

在实际的业务场景中，我们如果发现某个数据应用或程序出现故障，就可以通过数据血缘进行排查，以快速定位相关故障节点。

2）指标波动分析

当某个指标出现误差或者出现不正常的波动时，我们可以通过数据血缘进行溯源分析，判断是哪条数据开发链路出现了问题。

3）数据预警与产出保障

对数据加工链条的所有节点进行监控，对下游任务的产出时间进行预测，一旦发现下游任务无法按时产出，就及时报警。并且当某些节点出现问题时，我们需要确保高资产等级的整条数据链路能够有较高的优先级，优先调度并占用数据资源，确保高资产等级的数据能够被准时、准确地产出。

4. 数据评估

在明确数据产品的价值之后，我们可以通过数据血缘反溯数据加工链路，判断数据的重要性，并且从调用频率、数据热度等不同的维度对数据进行评估，从而判断数据的价值，进行资产定级。

5. 数据优化

通过血缘关系的调度依赖分析，我们可以获得数据的整体情况，如集中度、冗余度、计算成本、存储成本等，从各个方面对数据进行衡量，以便能持续对数据进行优化。

关于血缘关系的实现方式，业内已经有一些成熟的框架，如 Druid，内部已经实现了大部分的解析功能，但是它的缺点是只能解析 SQL，无法兼容 Spark SQL、Hive SQL 等其他模块的语法，所以会导致解析不完全。更好的解决方法是，通过 Spark/Hive/Flink 本身提供的 Listener/Hook 机制，解析调度依赖中的 FROM、CREATE、INSERT 等语句，获取输入节点与输出节点，生成血缘关系，就可以解析除 SQL 之外的其他语法。

在明确了实现方式后，就要考虑计划执行时机了。执行时机主要有 3 个。

（1）在运行前通过解析静态的 SQL，获取依赖的输入节点与输出节点。

（2）在运行中实时截取动态的 SQL，获取依赖的输入节点与输出节点。

（3）在运行后通过解析任务日志，获取依赖的输入节点与输出节点。

在这 3 个时机中，时机（1）因为没有执行代码，所以无法保证可以正常运行，时机（3）则比较后置，没有时效性，所以最合适的是时机（2），在运行中解析 SQL，能够实时获取输入与输出表，并且当依赖关系改变时也能实时变更。但是时机（2）也有一个缺点，那就是当数据表开发完成但还没有被执行时，就无法获取血缘关系，这时就需要通过解析静态 SQL 的方式，建立跟其他表的依赖关系。最终存储效果如图 2-10 所示。

db	tname	col	parent_db	parent_tname	parent_col	ptype	expr	create_time	update_time
tmp	tmp_test_a	s1	tmp	exposure	day	PREDICATE	(UDFToDou)	2020-02-17 18:34:06	0000-00-00 00:00:00
tmp	tmp_test_a	s1	tmp	exposure	kv	PROJECTION	exposure.k	2020-02-17 18:34:06	0000-00-00 00:00:00
tmp	tmp_test_a	s1	tmp	exposure	session_id	PREDICATE	(exposure.s)	2020-02-17 18:34:06	0000-00-00 00:00:00
tmp	tmp_test_a	s1	tmp	tmp_test_b	s1	PREDICATE	(exposure.s)	2020-02-17 18:34:06	0000-00-00 00:00:00
tmp	tmp_test_a	s2	tmp	exposure	day	PREDICATE	(UDFToDou)	2020-02-17 18:34:06	0000-00-00 00:00:00
tmp	tmp_test_a	s2	tmp	exposure	session_id	PREDICATE	(exposure.s)	2020-02-17 18:34:06	0000-00-00 00:00:00

图 2-10

（注：这里是为了直观展示而采用了关系型数据的形式，实际应该用图形数据库存储。）

因此，对于数据血缘的实现，可以简要概述为：首先，通过 Spark Listener/Hive Hook/Flink Hook，解析调度依赖中的 FROM、CREATE、INSERT 等语句获取输入节

点与输出节点，生成血缘关系并推送给消息中间件（Kafka）；其次，消费端负责将
血缘关系沉淀到图形数据库（Neo4j）中；最后，通过图计算引擎在前端以图形的方
式将其展示出来。最终展示效果如图 2-11 所示。

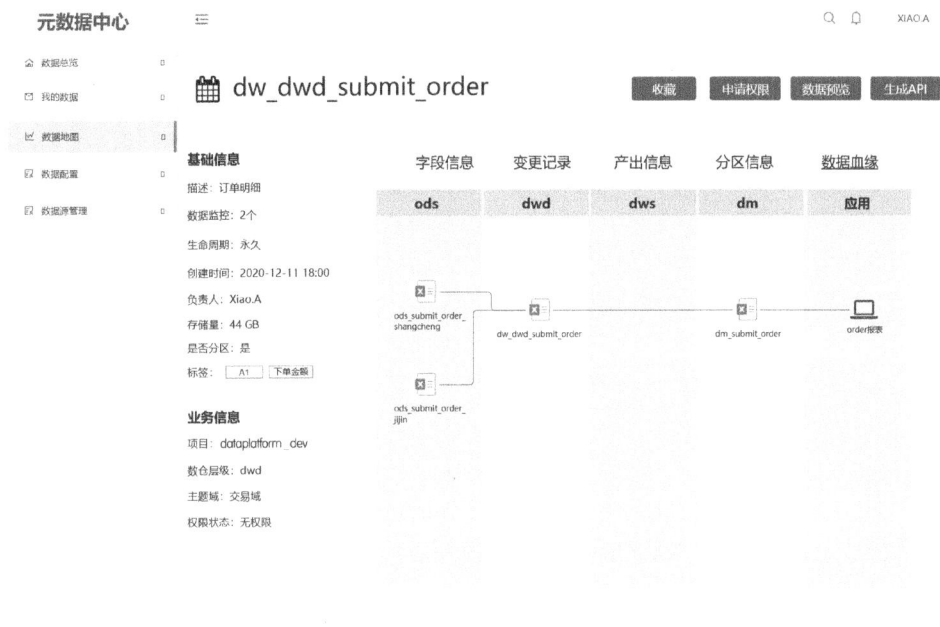

图 2-11

另外，还需要补充一点，在生产过程中会生成很多临时表，这些表是不能
被写入血缘关系的。因此，我们需要对这些表执行一个规则，如以 t_开头，在
后续执行解析任务时，一旦遇到这些表，系统就会自动优化这些表，避免弄脏
血缘关系。

2.2.3 数据地图

数据地图是基于所有元数据搭建起来的数据资产列表，如图 2-12 所示。我们可
以将数据地图看作将所有元数据进行可视化呈现的系统。它不仅能够解决有什么数
据的问题，还能够进行检索，解决数据在哪里的问题。

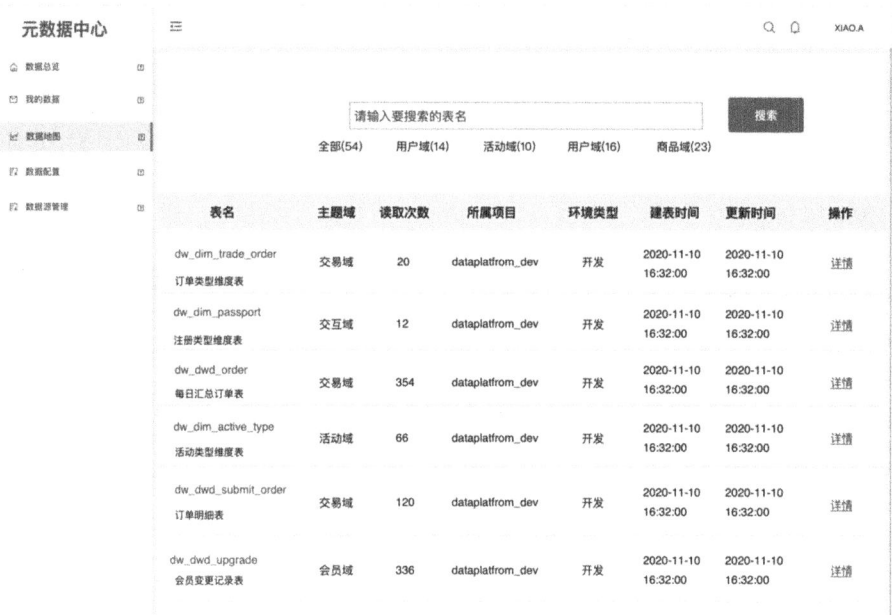

图 2-12

　　数据地图提供了多维度的检索功能，使用者可以按照表名、列名、注释、主题域、分层、指标进行检索，结果按照匹配相关度进行排序。考虑到数据中台中有一些表是数仓维护的表，有一些表数仓已经不再维护，因此在结果排序时，我们增加了数仓维护的表优先展示的规则。数据地图还提供了按照主题域、业务过程导览功能，可以帮助使用者快速了解当前有哪些表可以使用。

　　当使用者定位到某个表被打开时，会进入详情页，详情页中会展示表的基础信息：字段信息、变更记录、产出信息、分区信息及数据血缘，如图 2-13 所示。数据血缘可以帮助使用者了解这个表的来源和去向、这个表可能影响的下游应用和报表、这个表的数据来源。

图 2-13

元数据中心是数据中台最基础的系统，是所有数据中台系统的基石，后续的数仓开发、指标开发、数据治理、成本治理等都需要元数据中心的支持。

第 3 章

数据指标中心

在一次月度报告会议上，老汤姆发现运营部门负责人的数据报告与自己的有一些出入。例如，有一项指标是新用户的付费率，二者的数据有几个百分点的差异。

在会议结束后，老汤姆找来阿北，问道："今天我的数据报告与运营部门负责人的有差别，你检查一下是不是你算错了。"

阿北赶紧核对了一下自己的数据，在连续核对了几遍之后，他发现数据逻辑与数据源都没有问题，他判断可能是统计口径的问题，于是拿着数据报告去找了运营部门的同事。运营部门的同事说："我们对新用户的定义是首次下单并完成支付的用户。""果然是这个问题，"阿北一拍脑袋，继续说，"数据中台对新用户的定义是当天新注册的用户。"

阿北随即把这个问题反馈给了老汤姆。老汤姆在沉思片刻后，叫来了小凤，说："现在出现了数据中台的统计口径与运营部门不一致的问题，这个问题挺严重的，我们必须重视。"

小凤："要解决这个问题，就必须构建全局一致的统计口径，输出一份覆盖全平台所有业务的指标字典。"

老汤姆："那你梳理一下，在数据中台设计一个数据产品来解决这个问题。"

3.1　数据指标中心概述

数据指标中心是规范化开发指标并对其进行管理和维护的系统，它将指标的组成部分解耦拆分开来，并在逻辑表中进行规范的定义，在此基础上，按照一定的规则对指标的组成部分进行自由拼装，实现自定义指标的功能。

3.2　数据指标中心的设计思路

3.2.1　定义指标并将其归集到对应的主题域

指标的本质是量化的目标，常见的例子如下。

（1）我们要把用户的盘子做大，对应的指标就是已注册用户数。

（2）我们要统计今天的销售额，对应的指标就是总支付金额。

（3）我们要衡量一次活动的效果，对应的指标就是下单率。

从上面的例子中我们可以看到，比较常用的几类指标是存量型指标（已注册用户数）、事务型指标（总支付金额）、转化型指标（下单率）。另外，还有比例型指标、统计型指标、排名型指标等，这些指标不常用，所以此处不做介绍。

这些指标分散在产品的不同功能模块中，所以为了更好地规范与管理这些指标，我们需要将这些指标按照主题域的方式归集起来。我们在数仓模型中心对主题域进行创建与定义，在这里我们只需要将对应的指标划归到对应的主题域中即可，如表 3-1 所示。

表 3-1

主题域	业务指标
会员域	升级用户数、试用用户数、升级率
商品域	发布个数、上架个数、下架个数、库存商品数
互动域	曝光次数、浏览用户数、点击用户数
交易域	下单次数、支付次数、退款人数
用户域	注册用户数、登录用户数、退出用户数
活动域	报名用户数、参加用户数、转化率

3.2.2 拆分原子指标与派生指标

先来看原子指标与派生指标的概念。

（1）原子指标：事实逻辑表中某个字段的统计值（sum、count、max、min、avg），如下单用户数、下单金额等。

（2）派生指标：基于原子指标，进行维度组合后产生的指标，如近 1 天商城下单用户数、本周商城黄金会员下单金额等。

原子指标无业务意义，它只是预定义的代码片段。我们在业务中用到的指标基本都是派生指标。新建原子指标如图 3-1 所示。

图 3-1

3.2.3 定义原子指标与派生指标的生产逻辑

前文提到过"将指标的组成部分解耦拆分开来，并在逻辑表中进行规范的定义"，这个解耦和定义的过程就是把一个派生指标拆解成统计周期、聚合粒度、限定维度、原子指标，再重新拼装，生成新的派生指标的过程，如图 3-2 所示。

图 3-2

我们可以这样理解上面的例子。

（1）统计周期是这个原子指标进行统计运算的时间范围，在这里是本周。

（2）聚合粒度是指标的主体，即按照哪个维度来进行聚合，在这里是黄金会员。

（3）限定维度限制原子指标的计算范围，这里限定在商城，即只计算与商城相关的数据。

（4）原子指标是预定义的某个字段计算规则，在这里是求和（下单金额）。

创建派生指标如图 3-3 所示。

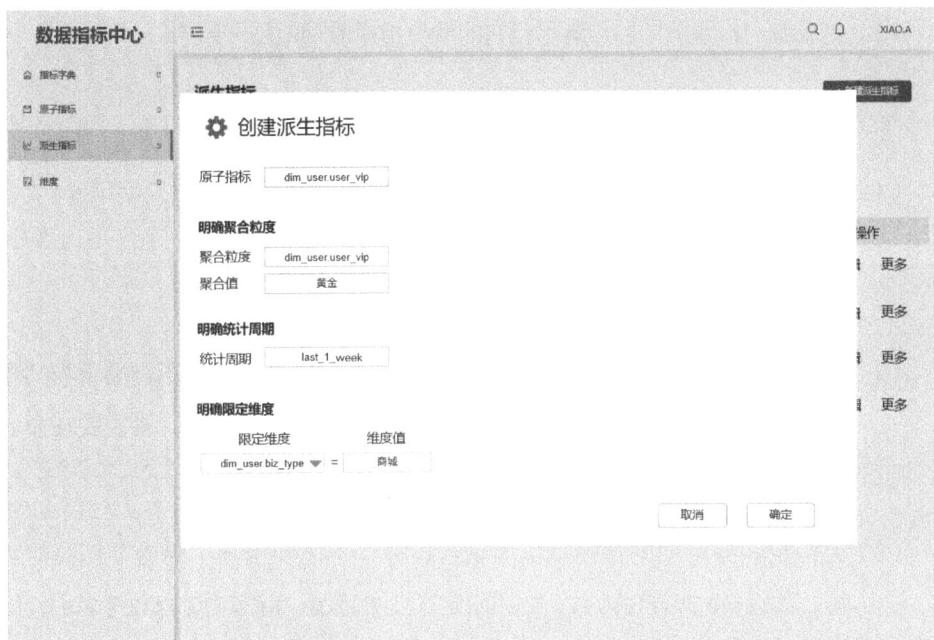

图 3-3

3.2.4　通过指标管理平台对指标进行规范生产

1．规范指标命名

命名规范对后期大量的指标管理来说非常重要，因为当指标很多时，我们要寻找一个指标就经常需要用到检索功能，而检索的前提是我们对指标有一些前置的认知。这就需要我们规范指标命名。

指标命名规范有 3 个重点。

（1）简洁明了、易懂：最好让人只要看到指标名，不需要看注释就可以知道它的含义、归属等。

（2）格式统一：每个指标的格式都是相同的。

（3）生成统一：原子指标与继承自它的派生指标的规范是一致的。

以与商城相关的指标为例。

（1）所有业务下单与支付指标，默认以"主单"为统计口径，不用带与"主单"相关的字眼，如商城下单次数；当统计口径为"子单"时，则需要在命名中标出，如商城子单下单次数。

（2）所有与人相关的指标都默认以"注册用户"为统计实体，不需要带与"用户"相关的字眼，如访问次数；当统计主体为"游客"时，则需要在命名中标出，如游客访问次数。

（3）无指定业务范围的指标默认为平台指标，不需要带与"平台"相关的字眼，如近 30 天支付人数；如果限定了业务范围，就需要加上业务名称，如商城-近 30 天支付人数。

（4）无指定时间周期的指标默认为"近 1 天"（但需要保存小时粒度，便于后续下钻），不需要带与"时间"相关的字眼，如注册人数；如果限定了时间范围，就需要加上时间周期，如近 7 天注册人数。

完整的指标命名规范为商城（业务板块）+用户（实体）+近 7 天（统计周期）+新增（业务动作）+子单（类型）+单日（间隔周期）+平均（统计运算规则）+支付金额（原子指标），如商城-用户近 7 天新增子单单日平均支付金额（没有的部位可留空，如商城-汇总支付金额）。

2．规范统计口径

当指标主体为实体（名词），如游客、用户、商品等时，则只需定义单位为"人/个"即可，如游客人数、用户人数、商品个数。

当指标为业务动作（动词），如点击、支付、下单等时，则除将单位定义为"次数"外，还需考虑与这个动作关联的实体的单位，如当实体为"商品"时，则需要多定义一个单位"笔数"；当实体为"用户"时，则需要多定义一个单位"人数"等。因此，一个下单动作的指标会有多个不同的统计口径，如下单次数、下单笔数、下单人数等。

我们在定义指标名称时，需要清楚地定义指标名称，避免出现"下单数"这样模糊的指标。

3．规范指标等级

随着企业的发展，产品在不断地进行迭代，功能的增删与业务的变化势必影响指标的发展，一些旧的指标被不断更新或废弃，而新的指标也不断增加。这时，对指标的管理就成了一个问题，哪些指标由谁开发？后续由谁来维护？……

一个比较好的解决方案就是对指标进行等级划分。我们可以将指标划分为两个等级。

（1）一级指标，即原子指标与小部分全平台的核心指标，在从各个业务部门收集需求后，统一由数据中台来产出，有一套完整、规范的开发流程：需求—评审—排期—开发—测试—验收—上线。所有维护管理工作都由数据中台负责。

（2）二级指标，即派生指标，由各个业务部门自行通过指标中心生成，没有严格的开发流程，各个业务部门根据需要自行创建，但需要遵守指标命名规范。所有维护管理工作都由部门内部负责。

指标等级划分如图 3-4 所示。

图 3-4

第 4 章

数仓模型中心

数仓开发人员在进行日常维护时发现，有一个任务消耗的资源非常多，影响了其他数仓的任务，他在检查后发现该任务是计算每月的会员销售额。这个任务是阿北创建的，但是由于阿北不具备专业技术知识，没有考虑到性能的问题，而且数据是直接从原始数据开始加工的，因此 SQL 用了多层嵌套，导致资源被消耗了很多。于是，他把这个问题反馈给了小风，小风找来老汤姆和阿北，一起讨论如何解决这个问题。

小风说："数据分析部门经常从原始数据开始清洗、加工指标，这样做不规范，是不是把原始数据的访问权限收回来比较好？"

阿北反驳道："但是现在并没有复用的数据，我们都需要自己去处理。如果提出开发公共表需求，就需要很长的排期，还不如我们自己去清洗数据。"

这时老汤姆止住了他们的对话，说："你们说的问题确实都存在，主要根源在于没有对数据模型进行开发流程的规范化，只要把数据模型的开发流程固化成产品的功能步骤，就可以解决这些问题了。"

4.1 数仓模型中心概述

数仓模型为如何组织数据提供了思路。数仓模型中心是数据加工的底层基础，也是指标加工的基础，还是数据成本的主要承担者，如图 4-1 所示。因此，在进行模型开发时，我们必须按照规范的流程来进行开发，只有在规范开发的基础上，才能对数仓的数据模型进行有效的控制与治理。

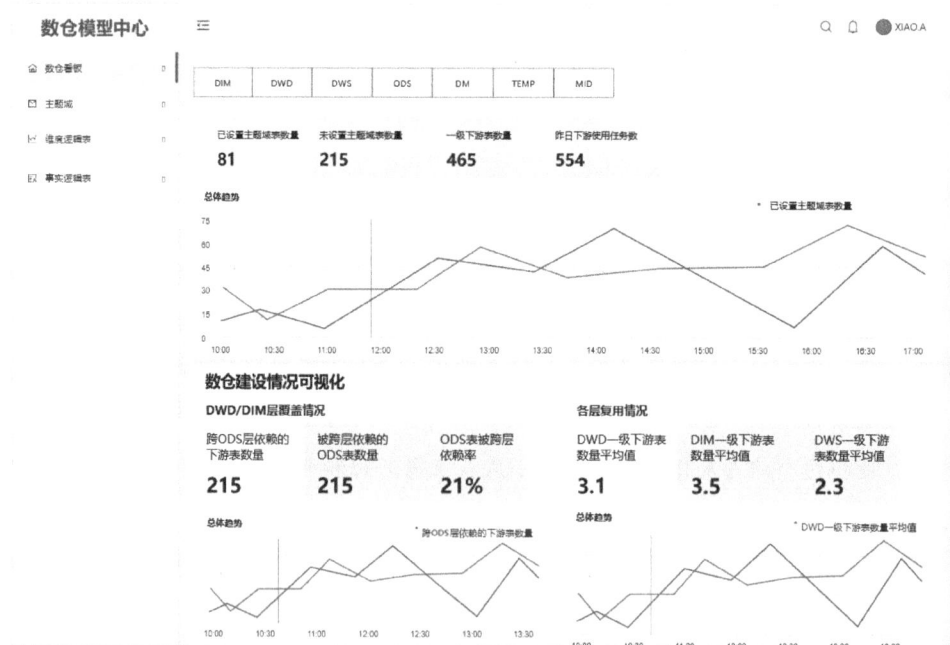

图 4-1

4.2　数仓模型中心的设计思路

4.2.1　控制数据源

ODS 层（操作数据存储层）汇集了来自不同数据储存系统的数据，从 ODS 层开始往下游进行数据的分发，所以 ODS 层是数仓的源头，也是数据中台中所有数据加工的起点。我们必须控制 ODS 层的数据变化，因为只有控制了源头，才能从根本上建设一个规范化的数据中台。

ODS 层的表的数据结构必须和数据源的表结构一致，确保映射过来的数据行和数据列一致，没有损耗，以保证与业务库的数据同步，以免数据中台的产出数据与业务数据出现偏差，产生较大范围的影响。

4.2.2　划分主题域

面向业务分析，将业务过程或者维度进行抽象的集合，就形成主题域。为了保证整个数据体系可以正常地运转，主题域需要先对数据进行归纳，然后进行抽象提取，并长期维护和更新。在划分主题域时，要既能涵盖当前所有的业务需求，又能让新业务在进入时可以被已有的主题域或扩展的新主题域包含。主题域如图 4-2 所示。

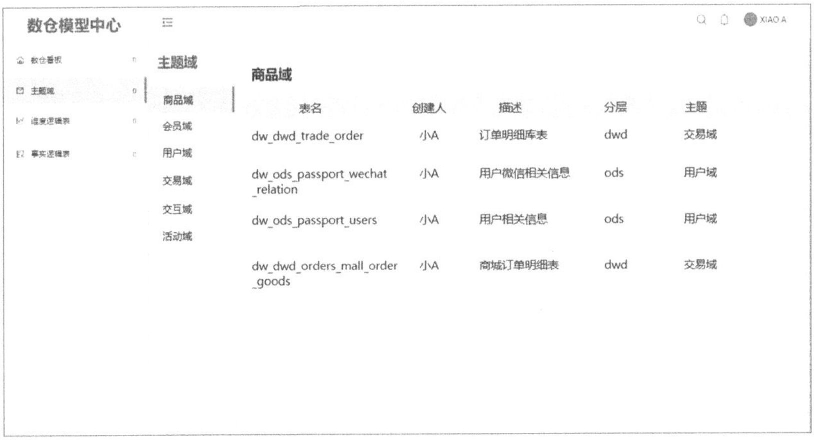

图 4-2

主题域是业务过程的抽象集合。用户在使用产品的过程中，会进行一系列的业务活动，如注册、下单、退款等，这一系列的业务活动就是业务过程，也就是在经营的过程中，单个不可再往下细分的行为事件。主题域可以按照企业的部门划分，也可以按照业务过程或者业务板块中的功能模块划分，如纯线上电商的主题域划分如表 4-1 所示。

表 4-1

主题域	业务过程
会员域	升级、试用、取消、断续
商品域	发布、上架、下架、重发
互动域	曝光、浏览、点击
交易域	下单、支付、发货、退款、确认收货
用户域	注册、登录、退出
活动域	报名、参加、领奖

用于描述业务过程的详细信息，在创建事实逻辑表之后，需要明确规定度量值与关联的维度。事实逻辑表是每个业务动作（可以简单理解为埋点）的存储表，如支付有支付事实逻辑表、下单有下单事实逻辑表等，如图 4-3 所示。

图 4-3

4.2.3 构建一致性维度

在明确了每个主题域下的业务过程之后，就需要开始定义分析维度。在没有数据中台时，不同的部门都维护自己的维度属性，如在同一个地区维度，A 部门维护的是华东地区、华南地区等偏地域性的维度属性，而 B 部门维护的是省、市、区等偏行政性的维度属性，这就会导致无法对 A 部门和 B 部门之间的数据进行关联分析。所以我们需要构建全局的一致性维度，确保同一个定义的维度，只保留一份维度属性。

例如，在电商的下单事实中，我们可以定义针对下单进行分析的商品维度，以及针对收件地址进行分析的地域维度，如表 4-2 所示。

表 4-2

维　　度	维度属性
商品	商品 ID、商品名称、交易价格、类目 ID、类目名称、品类 ID、品类名称、买家 ID、商品状态等
地域	区域 ID、区域名称、城市 Code、城市名称、省份 Code、省份名称、地区 Code、地区名称

维度逻辑表是用于描述对应维度的数仓模型，包含逻辑结构、存储方式、组织方式和操作方式等内容，如图 4-4 所示。

图 4-4

4.2.4　构建总线矩阵

在明确了主题域、每个主题域下的业务过程，以及每个业务过程涉及的维度之后，即可构建总线矩阵。我们需要明确业务过程与哪些维度相关，并定义每个主题域下的业务过程与分析维度。仍以电商为例，我们构建的总线矩阵如表 4-3 所示。

表 4-3

主题域	业务过程	一致性维度						
		购买省份	购买城市	流量来源	用户 ID	类目 ID	类目名称	品牌 ID
交易域	下单	Y	Y	Y	Y	Y	Y	Y
	支付	Y	Y	Y	Y	Y	Y	Y
	发货	Y	Y	N	Y	Y	Y	Y
	确认收货	Y	Y	N	Y	Y	Y	Y

4.2.5　数仓分层建设

数据中台是在数仓的基础上发展而来的一套治理思路，对数据的加工与处理依然遵循数仓的标准。而数仓的合理建模是数据被有序加工与应用的基础，所以在建模的过程中，我们需要根据数据本身的特征进行分层建模管理，以达到有效利用、降低成本的效果。我们一般将数仓分为 3 层：ODS 层（操作数据存储层）、CDM 层（公共维度模型层）和 ADS 层（应用数据层）。

1. ODS 层

ODS 层存放未经处理的原始数据，ODS 层的数据结构与源数据保持一致。它是数仓的准备区，主要完成基础数据映入数据中台的任务，同时记录基础数据的历史变化。在这一层中，我们需要对源数据进行严格的把控与运营，以确保数据的来源统一且与源数据相对照。

2. CDM 层

CDM 层包括 DIM 层（公共维度层）、DWD 层（公共明细事实层）和 DWS 层（公共汇总事实层）。CDM 层是由对 ODS 层的数据加工建模而来的。在 CDM 层，我们开始对数据进行清洗与处理，并按照数据模型进行聚集，抽取并构建一致性维度，构建可复用的面向分析和统计的明细事实逻辑表，以及汇总公共粒度的指标。

DIM 层：以维度建模理念为指导，建立整个企业通用的一致性维度；降低数据计算口径和算法不统一风险，便于后续进行探查分析。DIM 层的表通常也被称为维度逻辑表，维度和维度逻辑表通常一一对应。

DWD 层：以业务过程作为建模依据，针对不同的业务过程，构建最细粒度的明细事实逻辑表。在实际的应用过程中，为了减少多表进行连接的开销，会将一些重要维度的属性字段做适当冗余，退化到明细事实逻辑表中，即做宽表化处理。DWD层的表通常也被称为事实逻辑表，表中的每个事实都可以作为一个原子指标。

DWS 层：以分析的主题对象作为建模依据，根据上层的应用和业务方的指标需求，对某个分析的主体对象，构建公共的汇总事实逻辑表，输出命名规范、口径一致的统计指标。DWS 层的表通常也被称为汇总逻辑表，用于存放派生指标数据。

3. ADS 层

ADS 层是根据 CDM 层加工生成的，包含数据产品个性化的统计和指标数据，与业务场景强相关。ADS 层主要根据业务场景的需求，从 CDM 层，甚至 ODS 层（尽量避免）中的一个或者多个表中取出数据，并将其拼接成一个应用表。

4.2.6　数仓效果评估

当完成上述一系列流程之后，数据中台的研发流水线就可以正常运转了。但是，在使用过程中，我们还需要对其进行严格的监控，监控其在开发过程中是否严格地按照规范化的流程进行设计，以及在应用的过程中数据中台是否能满足业务人员的数据使用需求。

我们可以初步给出一个好的数仓的设计标准：数据定义规范、完善、复用度高。既然已经定义好了数仓的设计标准，那么接下来我们要对这些标准进行量化。

1. 衡量规范度

衡量规范度的指标是表归类率（在已开发的表中，有分层信息与主题域信息的占比）。

在数据表的开发过程中，我们一定要严格按照规范的流程，把对应的数据表归类到对应的数仓层级与业务主题域中。如果没有明确且清晰的归类，那么我们在后续的开发过程中可能无法准确定位数据表，以至于重复开发，造成成本浪费。

将这个规范的流程固化成数据产品，将整个开发流程实现系统化、模板化管理。这个数据产品构建在元数据中心之上，可以通过 API（Application Programming Interface，应用程序接口）调用元数据中心的数据血缘接口，对数仓的整体表的构成、覆盖情况、复用情况进行展示，按需求进行数据模型的开发，并按照数据域、分层的方式管理所有模型，同时提供维度逻辑表、事实逻辑表等的管理。

2. 衡量完善度

（1）公共层的表引用率（ODS 层的表直接被 DWD 层引用的表占所有 ODS 层活跃表的比例）。

DWD 层是数据中台的重点建设对象，所以我们需要花费大量的时间与人力去建设 DWD 层，目的是完成公共层的定义，即重复利用、多方通用。因此，DWS/ADS 层引用越多的 ODS 层的表而不是 DWD 层的表，就说明越多的任务是跳过 DWD 层去加工数据的，而且这些数据是没有经过清洗、转换、格式化的，也就是无法被复用的，这不仅浪费了成本，还会导致统计结果的误差较大。因此，越完善的公共层，越要独占 ODS 层的引用。要想提高 DWD 层对 ODS 层的表引用率，就要降低 DWS/ADS 层的跨层引用率。

（2）汇总层的查询比例（DWS/ADS 层的查询占所有查询的比例）。

在数据中台的建设过程中，因为接管了数据的输入与输出，所以我们也相应地需要对业务方提过来的数据需求进行再设计，输出数据模型，并尽量使数据模型在能够满足业务方需求的情况下具备通用性。因此，汇总层的查询比例就是我们需要关注的指标。如果汇总层的数据无法满足日常的使用需求，使用数据的人就会去 DWD 层，甚至 ODS 层自行加工数据。因此，汇总层的查询比例越大越好，该比例越大，说明汇总层的数据建设能满足业务方的数据使用需求、降低查询成本、提高日常查询效率。

3. 衡量复用度

衡量复用度的指标是公共层的模型调用热度（DWD 层的数据模型被 DWS/ADS 层调用并且加工产出新模型的平均数量）。

数据中台对 DWD 层模型进行设计的核心是模型的复用和共享，所以要衡量复用度，就必须考量 DWD 层的模型被下游模型调用的数量。

例如，DWD 层有一个订单明细表，分别被 DWS 层的近一天店铺销售额表、近一周商品销量表，ADS 层的商品销量排名表、品牌复购率表这几个表调用和加工，那么这个订单明细表的调用热度就是 4。我们把 DWD 层的所有表的调用热度取平均值，就可以用这个值来衡量 DWD 层的复用度。

数仓模型中心是基于数仓理论的工具，主要提供体系化和系统化的数据建模功能，以达成规范化建模的目的。

第 5 章

数据资产中心

在月度报告会议上，首席技术官让大家聊聊在当前企业数据化过程中遇到的一些问题。

数据开发部门的负责人报告说："随着业务的增长，我们的大数据资源消耗已经增长了一倍，成本也在不断地增长，现在我们不知道该如何管理这些数据的成本。"

运营部门的负责人也站起来补充道："是啊，之前数据加工出过一次故障，导致很多报表的数据都错乱了，仅排查和解决问题就花了整整一天的时间，对我们造成了很大的影响。"

这时老汤姆说："其实这些问题主要是由于现阶段企业缺少对数据资产的管理而产生的。数据成本优化和故障的应对策略，都需要基于数据资产的定级与数据链路的串联。"

首席技术官点头表示赞许，并对老汤姆说："既然你已经有解决方案了，那么这个问题就由数据中台负责解决吧，务必把企业的数据资产管理做好。数据可是企业宝贵的资产啊！"

5.1 数据资产中心概述

数据资产中心是建立在元数据之上，对数据进行针对性治理的系统，如图 5-1 所示。它主要针对两个方面——质量与成本。众所周知，数据质量是整个数据大厦最重要的地基，所有数据的加工、处理、应用都是在它的基础之上进行的。如果这一关没有把控好，那么后面无论搭建得如何金碧辉煌，也都只是空中楼阁，错误的数据带来的决策后果比没有数据更可怕。

图 5-1

另外，我们在做数据开发的过程中，往往会忽略一个重要的问题——数据成本。因为它体现在存储与性能消耗上，在开发过程中是不容易被感知的。但随着数据规模越来越大，数据成本也会随着水涨船高，如果不能合理地控制数据成本，就会给企业带来沉重的负担，甚至可能出现价值输出与投入不对等的情况。因此，我们需要对数据资产进行良好的管理，用科学的方式对数据进行组织与治理，以最大化输出数据价值为最终的目的。

5.2 数据资产中心的治理流程

5.2.1 数据资产定级

1. 建立全链路数据资产通路

数据资产管理的第一步是基于元数据中心的数据血缘，建立一个全局的资产地图，对所有数据进行盘点。

数据的全链路流转过程是，业务系统产生数据，数据通过同步工具被导入数仓，数据在数仓中进行清洗、加工、整合、建模等一系列运算后，再通过同步工具或者服务接口，被接入数据产品中，供使用者使用。在整个流转过程中，数据都以表的形式进行传输，如图 5-2 所示。

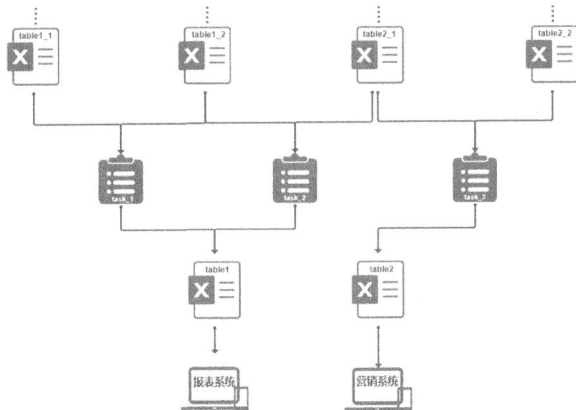

图 5-2

建立全局的资产地图不单单是为了做数据资产定级，还有一个目的——在出现数据问题时，方便相关人员快速地进行排查定位。

2. 制定数据资产等级标准

在梳理了全局的数据资产后，就需要制定数据资产等级标准了，给数据锚定不同的价值，方便我们对数据进行分而治之。数据的价值从 4 个维度进行评定：完整性、准确性、一致性和时效性。从这4个维度来评价数据对业务的影响程度，以此来评定数据资产的等级。数据资产通常被划分为 5 个等级。

（1）核心数据：标记为 A1，是企业最重要、最核心的数据，如果出现问题，就会对企业的正常经营造成严重影响，甚至使业务停摆，如打车软件的调度、派单等相关数据。

（2）平台数据：标记为 A2，具有全局的性质，作用于平台级业务或重点活动的相关决策、效果评估等，如日常的促销活动、实时大盘数据等。

（3）局部数据：标记为 A3，主要是为与业务相关的运营与决策提供辅助的数据，如果出现问题，就会对业务造成一定的影响，造成效率低下等问题。

（4）一般数据：标记为 A4，与报表相关的数据，主要用于日常分析，在出现问题后可以有一定的缓冲时间，不会造成过大的影响。

（5）未知数据：标记为 Ax，主要标记未知分类，无法明确应用场景的数据，在后续确认场景后再被调整为其他等级的数据。

以上是从定性的角度对数据的价值进行评估的，我们也可以从定量的角度来评估数据的价值。

（1）产出的数据表是 ADS 层用于制作报表的：衡量数据的价值主要看报表的使用范围和使用频率。使用范围通常用周活跃用户数来衡量，使用频率一般用单个用户每周查看报表的次数来衡量。另外，在计算时，还需要考虑不同管理级别的人的权重，因为管理级别越高，基于数据做出的决策影响力就越大，价值自然越高。

（2）产出的数据表是 ADS 层用于提供数据服务支撑的：衡量数据的价值主要看目标人群的覆盖率和直接业务价值产出，如通过系统自动生成的采购订单占所有采购订单的比例。

（3）产出的数据是 DWS 层或 ADS 层用于数据探索的：主要通过使用范围和使用频率来衡量数据的价值，同时必须对用户的身份级别进行加权操作。

这些不同类型的数据按照价值排序分别为 $A1 > A2 > A3 > A4 > Ax$，如果同一份表格数据出现了多个不同等级的标签，那么按照最高等级进行标记。

3．数据资产等级打标

在评定完数据资产等级后，我们就可以在资产地图上，以数据的不同流转链路作为依据，对数据进行资产等级打标，定义每份数据的价值。

在数据流转链路上，所有的数据表最终都是为了应用，所以数据的价值是通过对应的数据产品来体现的。我们需要整理相关的数据产品，并沿着上下游的血缘关系，沿着数据链路往回追溯，一直追溯到源数据，找出与这个数据产品相关联的所有表，并以这个数据产品本身的定位与价值评定出来的资产等级，给所有这些相关联的表打上该资产等级的标签。如图 5-3 所示，报表系统的等级是 A2，调用任务 table_1 和 table_2 对应的等级都为 A2，对应的表 table1、table1_1、table1_2 也都被打上 A2 标记；table2_1 本来也是需要被打上 A2 标记的，但是又因为它被营销系统调用了，而营销系统的资产等级是 A1，等级更高，所以 table2_1 需要被打上 A1 标记。

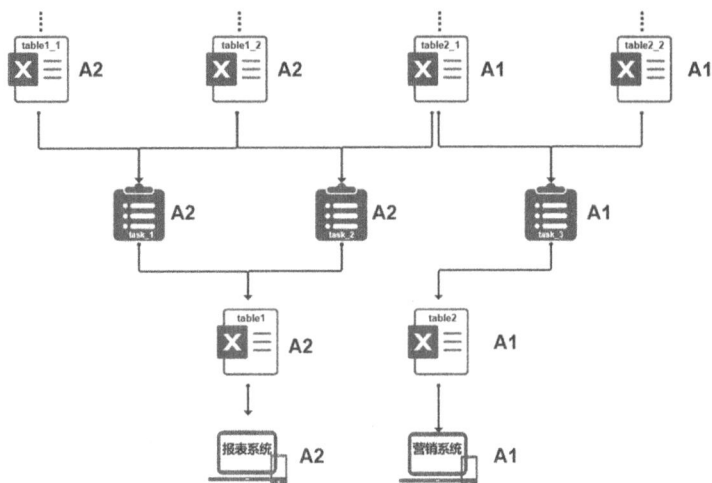

图 5-3

5.2.2　数据资产质量治理

数据在数仓中进行清洗、加工、整合和建模等一系列运算后，再通过同步工具或者服务接口，被接入数据产品中，供使用者使用。在整个流程中，先有数据加工，才有数仓模型和数仓代码的建设。因此，保障数据加工过程中的质量是保障离线数仓整体数据质量的重要环节。

1.　数据关键节点监控规则

在数据的加工过程中，往往会有各种意想不到的问题导致产出出现异常，而且由于数据加工是链条状的，一个节点出现异常会导致整个链条出现问题，因此我们需要在数据的关键加工节点上，对每个产出表，按照业务的规则，设计一个监控规则，确保数据的完整性、准确性、一致性、规范性和时效性。

监控规则有两种：强规则和弱规则，如表 5-1 所示。

表 5-1

强规则	弱规则
一旦触发报警系统，就会阻断任务的执行，限制下游任务的触发，并且在故障未被认领时，需要不断地进行电话循环报警。主要针对资产等级较高的（如 A1、A2）数据，以及与支付、交易相关的数据	只触发报警系统，提示风险，但不阻断任务的执行。这些风险会以短信或邮件的形式通知到相关开发人员，由开发人员来进一步判断风险的严重程度。主要针对 A3 及以上资产等级的数据，以及与偏行为分析相关的数据

主要监控数据的哪些方面？

（1）完整性：主要监控表的数量变化，确保数据在传输与加工的过程中没有丢失。经常使用的对于数据完整性的校验方式是表数据量的绝对值监控和波动率监控。

（2）准确性：主要解决数据记录准确性的问题，常见的校验场景有分母为 0 提醒，NULL 值参与计算影响结果，主键是否唯一，插入字段顺序错误，数据记录的日期是否未出现，商品只能归于单一类目等。

（3）一致性：主要解决数据在不同的模型中的一致性问题，当一个指标在多个模型中都参与计算时，要确保该指标在多个模型中的数据是一致的。

（4）规范性：监控代码的规范性，如表命名规范、生命周期设置、表注释等。

（5）时效性：在保证数据准确性的前提下，还需要让数据能够及时地提供服务，特别是一些对实时性要求较高的场景，更需要数据能够准确且快速地提供服务。为了达成这一目标，我们需要对加工过程中的每个任务都进行监控，基于任务的运行时间和数据血缘，对下游任务的产出时间进行预测，一旦发现下游任务无法按时产出，就及时报警。

一个合格的监控系统不仅要能及时发现问题，还应能在出现问题时合理安排任务的执行优先级。我们必须设立对应的规则，确保高资产等级的数据有较高的优先级，优先调度并占用数据资源，确保高资产等级的数据能被准时、准确地产出，如图 5-4 所示。

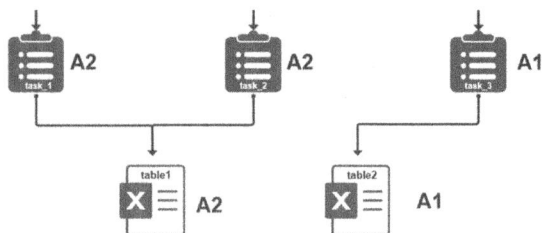

图 5-4

从我们梳理出来的数据资产地图（图 5-3）的等级来看，如果在日常的系统运行中突然出现了计算与存储资源被高度消耗的情况，导致 table1 和 table2 的任务调度同时出现问题，那么这时由于 task_3 的等级是 A1，因此相对应的计算与存储资源都会优先向 task_3 倾斜，确保 table2 能被正常产出。

2. 设定数据监控的校验逻辑

数据监控的校验逻辑主要分为固定值比较与波动值比较两个方面，它从表级与字段级两个维度对数据进行校验，如以当天的表行数作为样本，以前一天分区产生的表行数作为基准值，将二者进行比较，则为 1 天波动检测。

不同数据维度需要校验的内容及周期可参考表 5-2。

表 5-2

		数值型				波动率型					
		固定值	上周期差值	1天差值	上周期波动率	1天波动率	7天波动率	30天波动率	1、7、30天波动率	7天平均波动率	30天平均波动率
表级	表行数	✔	✔	✔	✔	✔	✔	✔	✔	✔	✔
	表大小	✔	✔	✔		✔					
字段级	平均值					✔					
	汇总值				✔				✔		
	最小值				✔				✔		
	最大值				✔				✔		
	唯一值个数	✔							✔		
	唯一值个数/总行数	✔									
	空值个数	✔									
	空值个数/总行数	✔									
	重复值个数	✔									
	重复值个数/总行数	✔									
	离散值（分组个数）	✔							✔		
	离散值（状态值）	✔									
	离散值（分组个数及状态值）				✔						

3．数据质量衡量

在设置相关的监控与校验规则来对数据进行保障后，我们还需要制定一套标准的度量方案，以便判断监控方案是否符合当前业务的需求，为后续的方案改进提供指导。数据质量主要从以下 4 个方面进行衡量。

1）A1、A2 级数据资产的准时产出率

A1、A2 级数据资产的准时产出率主要衡量数据链条的结果，它是一个综合性的指标。数据链条的任何一个环节的任务出现异常，都会导致任务无法在规定的时间内被产出，所以这个指标可以作为一个总的参考标准，用于不断进行数据质量的改进。

2）规则通过率

根据每个不同资产等级的数据建立校验规则，并对其通过情况进行考察，为每份数据都建立一个规则通过率，作为衡量数据质量的分数，关注那些分数较低的数据，分析是什么原因导致的，并及时进行优化。

3）强规则报警次数

强规则报警次数主要以资产等级高的数据产出故障作为参考。我们主要将它作为一个日常的监控指标时刻关注。因为强规则保障的数据资产是企业的核心与高价值的数据，所以如果这部分数据经常出现异常，就势必会影响企业的正常经营。

4）正常运行时间 SLA（服务品质协议）

将所有数据资产的规定产出时间与实际产出时间进行对比，计算不可用时间。对不同资产等级的数据的不可用时间，可以按照其价值大小以一定的权重进行配置。数据产品正常运行时间的达标率是 99.5%，这意味着数据在 99.5% 的时间内可以被正常产出并交付给数据产品使用［具体计算公式为每月允许不可用时间=（1-99.5%）×43 200（每月总时间）=216（分钟）］。

5.2.3　数据资产成本治理

1．数据成本计算

在数据资产定级中，我们已经对数据资产从数据源到数据应用进行了盘点与定级，并且从数据产品的价值倒推出全局数据资产的等级。现在我们不从数据产品本身开始，而是从数据产品直接应用的数据表开始往回溯源，但这次不是计算等级，而是计算成本。

从图 5-5 中可以看到，在这个数据加工链路中，源头是从业务库同步过来的数据，它经过开发任务的处理，生成数据表，最终应用数据表的数据产品是报表系统和营销系统。从图 5-5 中可以看到，报表系统直接应用的数据表是 table1、table1_1、table1_2、table2_1，调度的任务是 task_1、task_2。而营销系统直接应用的数据表是 table2、table2_1、table2_2，调度的任务是 task_3。

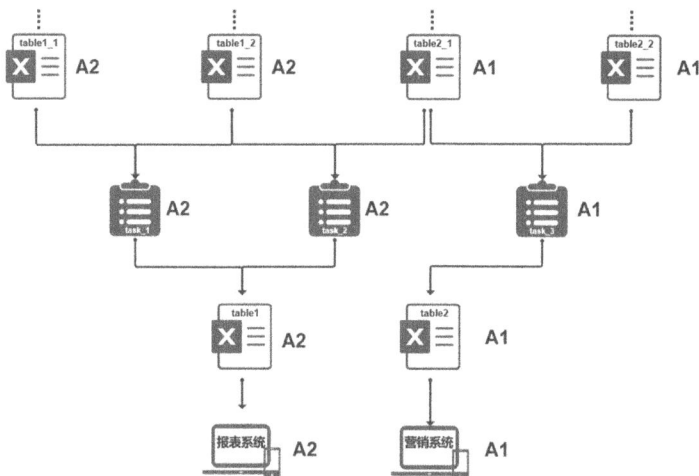

图 5-5

接下来，我们要核算营销系统的成本。从图 5-5 中可以看到，营销系统的上游链路涉及 1 个任务、3 个数据表，那么营销系统的成本=1 个任务消耗的计算资源成本+3 个数据表消耗的存储资源成本。另外，由于 table2_1 被两个下游应用复用，因此营销系统的存储资源成本及任务消耗的成本需要在两个应用中进行分摊。

2．无效成本的构成分析

在数仓中，造成产出与成本完全不构成正比的数据有 3 种。

（1）仍在持续生产，但已经废弃不用或者使用非常少的数据。

（2）仍在正常使用，但生产成本很高、应用价值很低的数据。

（3）在资源消耗高峰期占据太多计算性能的非必要数据。

3．制定优化策略

1）任务高消耗

针对上述描述的 3 种数据，我们需要设计对应的策略。

（1）针对已经废弃或者使用非常少的表，我们在与相关业务人员确认后，可将部分可用的数据迁移到其他表，对该表进行下架，并且设置相关的自动下架任务，如超过 30 天没有访问记录，或访问记录低于某个值，则自动下架。

（2）数据仍在正常使用，说明仍然存在一定的需求，所以我们必须评审一下是否需要存在，若不需要，则进行下架操作；若仍然需要，则考虑是否有剔除与合并的可能，尽量降低表的成本。

（3）对高消耗的数据需要分两种情况来分析：性能高消耗和存储高消耗。性能高消耗主要考虑数据是否发生了倾斜，因为资源分配是按照最大消耗资源的那个任务来分配的，数据倾斜会导致整个任务分配较多的资源，所以数据量小的任务会消耗更多的资源，导致资源被浪费。另外，我们还可以考虑将部分任务迁移到非高峰期执行，这样也可以减轻高峰期的压力。

2）存储高消耗

存储高消耗主要考虑选择哪种压缩方式来压缩数据，以降低存储成本，尤其是原始数据层和明细数据层，因为没有做聚合处理，所以数据量往往非常大，我们需要对数据进行压缩。常用的压缩格式如表 5-3 所示。

表 5-3

压缩格式	压缩比	压缩效率	解压效率	Hadoop 自带	支持 Split
GZIP	高	低	中	是	不支持
BZIP2	高	低	低	是	支持
LZO	低	中	高	否	支持
Snappy	低	高	高	否	不支持

GZIP 的压缩比虽然很高，但是它在压缩时占用的 CPU 资源比 Snappy 与 LZO 都要多，所以如果数据是不经常使用的冷数据，而且不考虑 Split，就可以使用 GZIP。如果是经常使用的热数据，那么 Snappy 和 LZO 性能接近，且 Snappy 的表现稍微好一些；但如果需要进行 Split，就可以考虑使用 LZO。

另外，存储消耗较高的是数仓的整体数据存储，所以我们需要考虑数据资产的生命周期。对于 ODS 层、DWD 层这些底层的原始数据，因为它们是不可变的，且原始数据要保证数据可被溯源，所以我们一般将其永久保存。用户、地址等维表的数据属于浅加工的数据，而且因为变化缓慢，太久远的数据的实用价值较低，所以我们可以考虑只保留几年。DWS 层及以上的数据属于深加工汇总的数据，是可变的，所以根据其价值，我们可以制定保留几个月，或者几天的策略。

4．数据成本治理效果评估

数据成本治理是一项长期的工作，因为我们在不断地开发，数据在不断地被生产与废弃。如何在整个数据的生命周期中做好成本的平衡是一项非常重要的工作，所以我们需要对数据成本治理效果进行评估，以便指导我们对数据进行持续优化。

既然我们前面所做的工作都是在治理数据成本，那么最直接的治理效果就是节省了多少成本。这个效果主要通过下架了多少低性价比的表，并将其换算成具体的项目内容来评估。

1）优化了多少计算资源

我们主要考虑在高峰期优化了多少计算资源，因为在低峰期，我们的计算资源比较充足，下架低性价比的表并没有产生明显的优化效果。我们先统计高峰期的时长，再计算每秒消耗 1 个 CU（1CU=4GB 内存+1CPU Core）的成本，最后计算优化的任务每秒消耗的 CU，将二者相乘即可得出优化后的存储成本。

2）释放了多少存储空间

以被下架的表的存储容量，乘以 1GB 内存的价格，就可以得出优化后的存储成本。

数据资产优化的相关功能界面如图 5-6 所示。

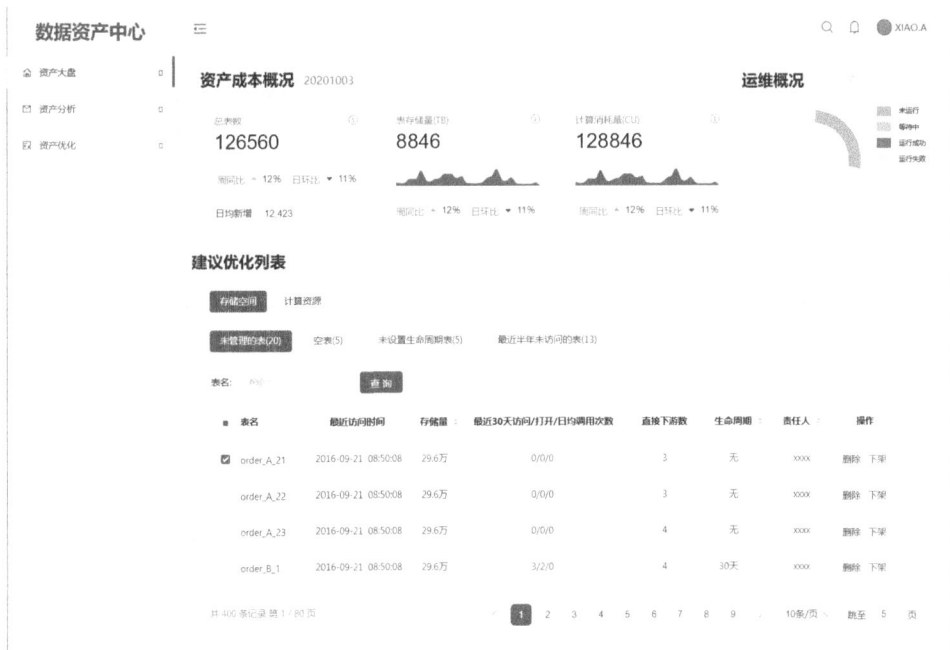

图 5-6

第 6 章

数据服务中心

老汤姆:"昨天在高层管理人员会议上有人抱怨,目前对数仓中沉淀的资产数据的调用,都是由研发部门定制化封装接口进行的。"

小风:"嗯,这部分确实存在一些问题。

"第一个问题是资产元数据信息管理与应用脱节。

"管理侧:在元数据中心中对元数据进行了管理、沉淀,但沉淀的资产信息目前犹如静止状态,未在各个系统间流动起来。

"应用侧:各个系统都各自编写、维护资产(指标、维度)的描述信息,导致口径、描述不一，难以实现描述及最终数据的一致性。

"第二个问题是资产数据烟囱式消费。

"大家常见的看板系统，各个指标的实现逻辑基本都是数仓研发人员（或者后端工程师）拿到相关表、字段、聚合方式，手动写各个指标的数据接口（一个个数据接口相当于一个个烟囱），并输出数据接口供前端工程师调用，从而实现可视化及交互。"

6.1　数据服务中心概述

随着需求的不断增加，数据部门开发出来的数据呈现线性增长的趋势，并且存在很多重复开发的数据问题。如何减少"数据孤岛"及高效地将数据开放出去，是数据服务中心需要解决的问题。数据服务中心通过配置化的方式，将不同数据源的表（关系型数据库、NoSQL 数据库、HBase 等）通过映射模型生成 API，与 API 调用者形成隔离，既保证了数据的安全，又可以以标准化的方式高效地进行数据的交付。

6.2　数据服务中心的设计思路

6.2.1　将数据写入查询库

数据中台生产、加工出来的数据都是以数仓表为主的，Hadoop 主要基于 Hive 或者 Spark 的计算引擎，阿里云则基于 MaxComputer 计算引擎。它们虽然都能处理大规模的数据，但是无法满足数据产品的低延迟、高并发的数据传输需求。因此，在数据开发完成后，数据开发人员会根据不同的需求，将数据输出到不同的查询库中。

（1）针对实时数据，将实时数仓公共层中的经计算作业得到的计算结果直接写入 HBase 查询库。

（2）针对离线数据，将离线数仓中公共层的数据加工结果通过同步任务同步到
MySQL、Redis 等查询库中。

查询库即数据服务中心的源数据，所有数仓加工后的数据都会被传输到查询库
中，被应用于后续的数据服务。不同场景下的查询库选配可参考表 6-1。

表 6-1

中间存储	适用场景
MySQL/Oracle	数据量小，500 万条记录以内
HBase	数据量大，500 万条以上记录，存在明显的冷热特征
分布式数据库	数据量大，热数据
Greenplum	数据量大，多维分析场景
Redis	数据量小，实时场景

6.2.2 搭建元数据模型

数据服务中心的元数据模型，简单来说就是定义了从不同查询库中的物理表到
逻辑表的映射关系的模型。在实际的使用过程中，API 调用者只需要关心逻辑表的结
构，并不需要关心数据存放在哪些物理表中，以及物理表是 HBase 还是 MySQL 的、
是单表还是分库分表。数据服务中心的数据模型主要由 3 个部分组成：数据源、物理
表、逻辑表。

1．数据源

数据源即查询库，数据开发人员将数据生产出来后，需要将数据导入不同的查
询库中，如 MySQL、HBase、Redis 等。这些查询库中的数据以物理表的形式存在，
数据开发人员在组织数据的过程中可以进行跨数据源的查询。

2．物理表

物理表是某个查询库中的一个表，它存储着真实的数据信息。每个物理表都需

要指明自己的主键是由哪些列组成的。在主键确定后，我们即可确定物理表的聚合粒度。例如，商品表的主键为商品的 spuID，那么我们可知商品表的聚合粒度为商品的 SPU。

3. 逻辑表

逻辑表类似于数据库中的视图，并不真实存在，是一个虚拟表。逻辑表只定义了表和字段的映射关系，所有数据都是在查询时才被动态计算的。我们也可以将逻辑表看作由若干主键相同的物理表构成的大宽表，每个大宽表都对外提供一个 API。

数据开发人员在开发完物理表后，会在元数据中心将物理表与逻辑表关联起来。API 调用者在使用逻辑表时，封装了跨异构数据源和分布式查询的相关功能会从底层物理表中把数据取出来。因此，对 API 调用者来说，屏蔽了底层物理表的相关存储细节，只需要了解逻辑表的结构，操作更加友好。

举个例子来说明。

你跟一些朋友去吃自助餐，大家都坐在那里聊天，你自告奋勇地帮大家拿吃的。你按从左到右的顺序询问第一个人他要吃什么，并去把食物拿过来，再接着询问第二个人，如此往复。一直到大家都吃饱了，你可能还没开始吃。这无疑是一种非常低效的方法，那么更高效的方法是什么呢？你提前了解清楚各种食物的存放区域，了解并记下大家想吃的食物，整理成食物清单，把拿这些食物的任务分配给几个人去执行，每个人拿位于相同区域的几种食物。这样，只需要拿一次食物，大家就都可以开开心心地坐下来边吃边聊天了。

在这个过程中，食物清单就是逻辑表，存放区域就是物理表，你就是数据开发人员。你把食物清单与存放区域对应起来，把拿食物的任务分配给不同的人去执行，大家在拿完食物后统一到桌子上一起享用。

元数据模型的运作模式也是如此，暴露给 API 调用者的都是逻辑字段。假如 API 调用者调用了 A、B、C 这 3 个指标，这 3 个指标分别存放在 3 个物理表中，那么数据服务中心会把这个请求拆分成 3 个独立的查询，同时去 3 个物理表中查询，并把查询结果汇总成一个，返回给 API 调用者，这样可以降低 API 调用者的调用与学习成本。

数据服务中心的元数据模型很好地规避了数据字段频繁变更的问题。当字段需要变更时，我们不需要更改物理表的生产逻辑，只需调整逻辑表中物理字段的映射关系即可，几乎没有多余的开发成本。

数据服务中心的元数据模型是一套解决方案——解决数据烟囱式开发及接口数据线性增长的困境。

6.2.3　按主题归类

与数仓模型中心和数据指标中心类似，为了便于对元数据进行归集与整理，我们需要把逻辑表按照一定的业务主题进行归类。逻辑表本身也按照相同的统计粒度进行聚合，相同维度的数据形成一个逻辑表。

6.2.4　缓存优化

数据中台的数据开发人员在构建好逻辑表与物理表的映射模型后，要将逻辑表的接口发布给对应的使用者使用。在一次完整的请求中，从查询到返回结果，流程一般如图 6-1 所示。

图 6-1

在使用者配置完成并调用时，API 服务会接收到查询请求，这时数据服务中心会将与映射模型相关的元数据加载到本地，根据元数据的信息对查询请求进行解析，将单条逻辑查询计划拆解成多条物理查询计划去执行，并将多个物理查询的结果进行合并，返回给使用者。

因为数据的运用在日常的运营场景中非常常见，API 服务的调用会非常频繁，而且大部分调用的 API 服务都是类似的，所以为了优化查询的性能与减少资源消耗，我们需要对这个处理流程进行缓存优化。

1. 元数据缓存

在每次调用 API 请求时，数据服务中心都需要加载元数据中心的元数据，如逻辑模型与物理模型的映射关系——用来解析请求并执行计划；SQL 安全检查——根据配置信息检查调用者调用的参数是否合法；字段权限检查——检查调用者是否有权限进行本次的数据访问等。

这些元数据的总量不会很大，但是访问会非常频繁，所以在首次调用时，数据服务中心会一次性把它们都加载到本地，后续直接从本地读取，这样可以有效减少在频繁调用元数据时的性能消耗。同时，数据服务中心实时监听元数据的发布信息，当有新的发布时才对本地的元数据进行增量更新。

2. 模型缓存

前文曾提到，在 API 请求的处理过程中，是对发起的逻辑查询计划进行解析，将单条逻辑查询计划拆解成多条物理查询计划，再进行物理执行返回结果的。模型缓存就是将解析后的模型缓存在本地，当有相似的 API 请求时，数据服务中心可以直接从缓存中得到解析后的物理执行模型。

由于模型缓存是保存在本地的，因此我们需要制定变更的策略，需要定期更新模型缓存，并且淘汰少用甚至不用的模型缓存。

3. 查询结果缓存

查询结果缓存要区分适用的场景，并不是所有的查询结果都适合缓存的。例如，某些查询非常复杂，在执行物理查询计划时非常耗时，这时我们可以把结果缓存下来，在下次再执行相同的查询时，就可以直接从缓存中得到结果，省去物理执行这一步；我们还可以把一些公共的统计值缓存起来，如要获取某个商品所属地区的历史销售额，一个地区中可能有几十万个商品，这些商品返回的查询结构非常多，这时我们可以把查询结果缓存下来，这样一来，后续的查询会非常快。

在推送服务中（后续会讲到），如对在线的用户信息等也可以做本地缓存，这样一来，在某些需要实时数据的场景中，调用用户信息会非常快速。

6.2.5　数据接口化

在数据中台的相关工程师将数据加工产出到查询库，并且在元数据中心将逻辑表与物理表配置完成之后，我们需要将数据进行接口化，即将数据的来源表屏蔽，提供统一的 API，以供调用，如图 6-2 所示。

图 6-2

通过配置请求参数与返回参数，我们就可以在不访问物理表的情况下，通过 API 拿到对应的数据。

6.2.6 构建 API 集市

我们最初设计数据服务中心的目的之一，就是解决数据重复开发的问题。为了解决这个问题，我们必须构建一个 API 集市。这样一来，用户创建的 API 都可以发布到 API 集市，后续如果其他用户有类似的应用场景，则只需申请该接口的 API 权限，就可以在 API 集市中直接复用类似的 API，不需要重复开发。API 管理如图 6-3所示。

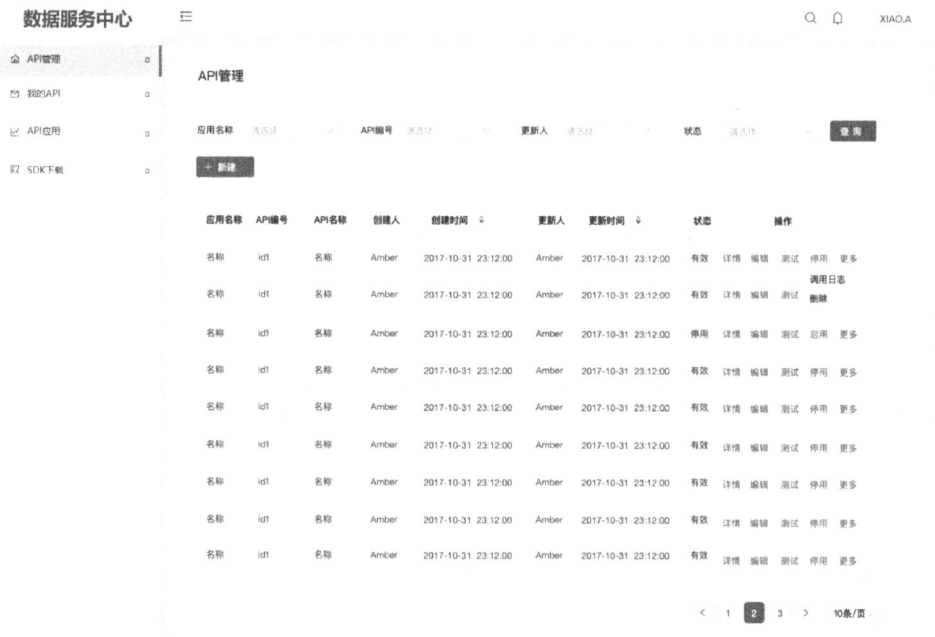

图 6-3

6.2.7 统一数据服务

在实际的数据应用场景中，我们对数据有着不同的使用需求，单纯以 API 的形式对外提供服务无法满足所有的数据需求。例如，在某种实时性较强的场景中，如促销活动，如果采用 API 拉取数据的方式，用户为了获取最新的消息，会不断地刷新页面进行请求，这会给服务器造成很大的压力，这时我们就需要通过主动推送数据的方式更新数据。一般我们遇到的场景有如下几种。

（1）数据拉取：以 API 的形式提供，由前端发出请求，由后端返回数据，主要用于固定报表、简单查询等。

（2）数据推送：后端监控相关的消息源，在消息被更新后，主动将数据推送到前端，主要用于推荐系统、实时大屏、监控系统等。

（3）定制查询：中高度定制化的数据处理，主要用于用户画像、用户分群、自定义查询系统等。

只有将上述几种场景都以服务化的形式对外提供支撑，才能使数据服务真正走向中台化。我们需要将所有散乱的数据汇集到一起，以统一的数据服务形式提供数据对外的出口。

数据分析篇

数据在企业中发挥价值的方式有很多种,它可以用于促进业务发展、建立竞争优势或者直接用于商业变现等。为了让数据更好地指导业务发展,我们在前期通过数据中台的建设,确保数据的质量,后续就会偏向深入业务的分析探索,以及沉淀数据产品。

做好业务分析的重点在于数据分析师要具有良好的专业素养:一方面要有过硬的专业技能、了解业务;另一方面要能通过合作和协调,让分析策略可以落地并正向影响业务。所以本篇会从宏观(业务和数据)、中观(工作内容和合作)和微观(3种分析场景实操)3个维度介绍与数据分析相关的知识点,旨在帮读者建立系统的能力模型。

第 7 章

数据分析理论

7.1 业务和数据

随着企业整体的数据建设逐渐走上正轨，老板越来越重视数据的应用价值。最近数据分析团队入职了一些新人，老汤姆决定让阿北每周都组织一场内部的分享会，跟大家聊聊数据分析的相关内容，营造一下团队内部学习的氛围。

第一次分享会就在今天上午。阿北早早地定好了会议室，等大家都到齐了，阿北先做了一个简短的自我介绍，然后继续说："今天咱们先从业务和数据开始讲起，让大家在宏观上对二者有一个认识，之后我会逐步地带大家深入了解数据分析师的工作。"

看着大家迷茫而又渴望的眼神，阿北开始了今天的内容讲解。

7.1.1　业务和数据的闭环

业务和数据之间存在映射关系，数据是业务在数字世界中的映射。举个例子，你喜欢吃什么口味的菜、爱看什么内容的文章、什么时候起床和睡觉、所穿的衣服和鞋子的尺码等，这些个人数据都在云端被记录着，它们就是你在数字世界中的映射。网上之前流行的一句话很有意思：手机可能比你自己还要了解你。因为手机中存储了一个数据的你。

我相信大家都清楚，手机用得越频繁，越多的个人数据被记录，手机就会越好用，大家就会用得更频繁。业务和数据就是这样的闭环促进关系（见图 7-1）：业务越全面、越深入地被线上化，反过来数据对业务的赋能就越大。

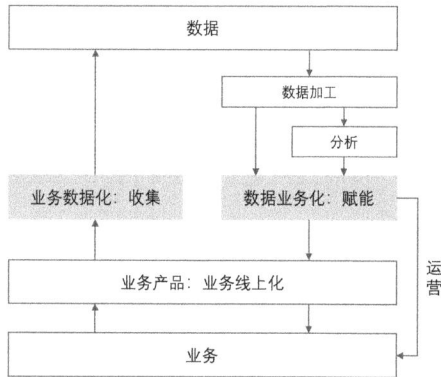

图 7-1

（1）业务数据化：业务线上化，存储业务所产生的数据，记录业务。

（2）数据业务化：分析收集的业务数据，评估业务状态，指导业务发展，提升效率。

7.1.2　不同岗位的职责边界与合作

企业在追求业务商业价值最大化的过程中，会涉及多个部门间的合作。下面按照图 7-1 中的数据流转链路来梳理一下不同部门（岗位）主要的职责边界，以及整体是怎么串起来一起协调工作的。

（1）业务产品经理：负责协调研发、测试、设计等部门，从实际业务需求出发，上线产品。

（2）数据开发工程师：根据数据产品经理的需求，按模型、按主题等加工业务数据。

（3）数据分析师：建立系统的分析框架，评估业务状态，定位业务问题，指导业务的发展。

（4）数据产品经理：负责协调数据开发工程师将业务数据模块化和体系化，同时将业务分析框架产品化，提升数据赋能的效率。

（5）运营：根据业务方向，通过短期的激励活动，引导用户认识到产品的长期价值。

实际工作涉及的部门会更多，如算法部门、研发部门、用户研究部门等，这里就不一一展开介绍了。具体的合作过程：业务产品和研发等团队基于实际需求，上线产品，当业务数据被收集上来以后，会被同步到数仓，数据开发工程师根据数据产品经理的需求对数据进行加工，数据分析师会全面、有逻辑地拆解和分析业务，并同数据产品经理一起合作，把分析框架沉淀到数据产品上。数据开发工程师、数据产品经理和数据分析师一起搭建了整个业务的数据体系，并对外输出业务状态评估、数据支持运营活动、产品迭代效果分析等。

7.1.3　数据、信息和知识

接下来我们会就其中的数据分析环节展开来讲，在这之前，我们先宏观地了解一下从数据到决策会经历怎样的过程。

我们时刻都在被数据记录着，如年龄、身高、体重、消费金额、运动步数等，单纯地看这些数据是没有意义的，我们要用心思考数据背后鲜活的业务（灵魂）。当我们从这些数据中发现业务背后的信息，并将这些数据和信息转化成一组规则来辅助我们决策（知识）时，数据就会变得很有价值。这个过程就是：从数据到信息，再到决策（知识）。

列举一个生活中的例子：体温 39℃是单纯的数据，背后的信息是发烧了，做出的决策（知识）是需要去医院看病，如图 7-2 所示。

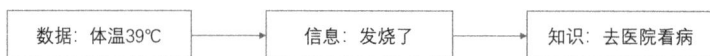

图 7-2

对于上面总结的从数据到决策的过程，我们往往会说成根据数据分析的结果去做决策。虽然这样的说法没问题，但不够直接，实际上我们是基于业务理解去做决策的，而数据是帮助我们加深业务理解的工具。数据赋能业务一般会经历 4 个环节：数据表现、业务原因、业务策略和作用方式。首先，我们通过数据去评估业务状态，发现业务表现异常；其次，我们全面地分析数据，并结合一线的调研反馈，反复地进行猜想和数据验证，弄清楚数据表现背后的业务原因，思考解决问题的业务策略；最后，我们落地执行业务策略，监控落地效果并不断地迭代业务策略，直到问题被解决，业务发展进入正轨。数据赋能业务的过程如图 7-3 所示。

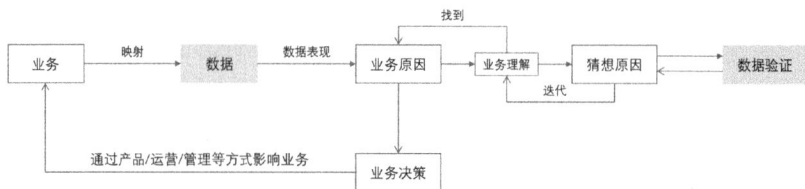

图 7-3

再就刚才提到的发烧的例子详细解释一下数据赋能业务的过程：体温 39℃是数据表现，背后的身体原因是发烧了（业务原因），医生说需要输液退烧（业务策略），之后病人躺在病床上，护士给病人输液（作用方式）；在走完这些流程之后，医生还会要求病人持续地测量体温（监控落地效果），如果病人一直不退烧，那么病人可能还需要继续输液和吃药（不断地迭代业务策略），直到体温恢复正常（问题被解决），身体进入健康状态（业务发展进入正轨）。

7.1.4 业务策略的闭环

从分析数据定位业务问题，基于业务理解确定业务策略，到最终正向地影响业务，在整个过程中，业务策略存在两个闭环：逻辑闭环和业务闭环。

（1）逻辑闭环：数据分析的过程，在逻辑上要实现闭环，论据要能够支撑结论。

（2）业务闭环：业务策略在业务上的落地执行要实现闭环，不断地被调整和迭代。

业务策略的闭环如图 7-4 所示。

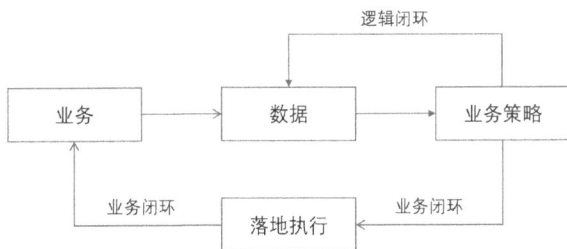

图 7-4

这两个闭环是互相影响的，我们需要论证逻辑闭环，保证结论可以站得住脚。在落地执行业务策略时，如果在业务上行不通，我们就需要基于新的业务理解去迭代论证逻辑，形成新的逻辑闭环，再去落地执行，直到在业务上行得通。

因此，在数据分析过程中常会出现两类问题。

（1）逻辑闭环相关：不接地气，是指业务策略的逻辑论证没问题，但距离在业务上行得通还很远。

（2）业务闭环相关：业务策略没有被落地执行或者落地执行反馈周期太长，导致业务理解只停留在当时分析数据的节点，没有得到验证反馈。

我们在工作中怎么判断业务策略是否接地气呢？我们主要从以下两步来判断。

（1）深入思考业务策略成立的业务假设是什么。

（2）通过调研判断业务假设是否成立。

举个例子，你设计了一套完整的针对 B 端商家的权益方案，希望引导商家按平台的设计方向去做生意。假设权益方案在逻辑上没问题，但它要真正落地有效，那么一些业务假设需要成立。

（1）平台可以很好地触达商家，商家也能够理解权益方案。

（2）商家很在意权益方案的细节。

…………

接着你就需要去调研这些业务假设是否成立。如果成立，那么该业务策略（权益方案）落地有效的概率就会很大；如果商家理解不了复杂的权益方案，或者商家根本不在意权益方案的细节，就说明该业务策略是不接地气的，你需要及时做出调整。当然，业务策略是否有效的前置调研验证是很有必要的，但有时候从调研结果并不能直接推导出业务策略有效或者无效，这时你就需要设计好的落地方案，并快速验证和迭代。

类比过来，判断某个人是否懂业务：如果这个人只讲数学逻辑，没有业务判断，或者有些业务判断明显是不成立的，那么这个人大概率不懂业务。正确的业务决策，在逻辑上要成立，在业务上也要行得通。

7.1.5　人人都会数据分析的趋势

如今，无论是企业的发展还是个人的发展，都在往数据方向转型，数据变得越来越重要。企业需要数据资产来保持行业竞争力，产品经理需要根据数据分析的结果来迭代产品，运营人员需要通过数据来评估活动效果等，数据思维、分析能力会逐渐变成横向能力被大家掌握，人人都会数据分析是未来的趋势。

最后，阿北笑着继续说道：“所以我觉得大家在这个窗口期选择数据领域是非常明智的。好了，今天跟大家的分享就到这里，下周我会带大家开始了解数据分析师的具体工作内容。”

7.2 数据分析师的全貌

早上老汤姆碰到阿北，问道：“这周你打算带他们学习什么内容呀？”

阿北：“上周刚给他们讲完业务和数据的关系，这周就要进行数据分析师具体工作内容的学习了。”

老汤姆听完点点头，招呼工位上的新人赶快去会议室。等人都到齐了，阿北说道：“这周我主要想让大家熟悉数据分析师的工作，并带大家梳理数据分析宏观的框架，大家后续的工作和学习进阶都可以参照着这周的学习内容进行。”

7.2.1 数据分析的定义与流程

数据分析是指基于一定规模的数据，应用统计学和定量分析的方法，发现数据背后的信息，实现对业务的预测、描述和诊断，指导业务发展，提升效率。

数据分析的流程如图 7-5 所示。

图 7-5

1．明确分析目的

我们一定要弄清楚分析目的是什么。目的不同，分析的方向和思路就可能完全不同。

2．明确分析思路

在明确分析目的之后，我们需要搭建分析框架，拆解分析对象。拆解分析对象是为了接下来能够更好地衡量和评估分析对象。数据分析领域有句流传很广的话：If you can't measure it,you can't improve it （如果你不能评估它，就没办法改善它）。

拆解业务要遵循 MECE（Mutually Exclusive Collectively Exhaustive）原则：完全穷尽和相互独立。MECE 原则出自《金字塔原理》，通俗地来理解：如果拆解的有遗漏，就没办法完整地评估业务（完全穷尽）；如果拆解的模块相互之间有交叉，就没办法具体定位是哪个模块的问题（相互独立）。因此，为了保证拆解的过程有逻辑、不遗漏，我们经常套用成熟体系的分析框架，如逻辑树、5W2H［What（做什么）、Why（为什么）、Who（何人做）、When（何时）、Where（何地）、How（如何）、How much（多少）］分析法、4P［Product（产品）、Price（价格）、Promotion（促销）、Place（渠道）］营销理论、PEST 分析模型［Political（政治）、Economic（经济）、Social（社会）、Technological（技术）］等，这些就是很多资料中提到的分析方法（分析框架）。

对于分析框架，我们要有以下几点认知。

（1）分析框架是前人的经验总结，是针对某一类问题，成熟、系统的拆解方式。如果我们要分析的业务与其适用的场景切合，就可以直接套用，保证拆解的过程有逻辑、有体系。

（2）分析框架不是数据分析领域特有的，我们通常沿用管理学、营销学中成熟的分析理论。

（3）分析框架有很多，我们掌握常用的即可，不要为了学习而学习。

我在后面具体讲解实操案例时会展开讲解如何应用分析框架来拆解业务。

在把业务拆解为模块之后，针对每个模块进行分析，就会用到统计学思想和常用的定量分析方法，如对比分析、漏斗分析、相关性分析、聚类分析等。对比上面提到的分析方法论，相信大家不难理解，分析方法已经具体到执行层面了，而分析方法论是分析问题的框架思路。

另外，我们在分析具体问题时，不要一味地追求高级的分析方法，而是要从解决问题本身出发，无论是常用的对比分析，还是稍显复杂的聚类分析，本质上都没有区别。不管是黑猫还是白猫，捉住老鼠的就是好猫。

3．获取数据

在有了清晰的分析框架和思路以后，我们就需要去获取所需的数据了。获取方式通常是利用 SQL 从数据库中查询、从数据产品上下载或者调研业务数据等。

从数据分析整件事情来看，数据获取只是其中的一个环节，大家不要因为做了很多取数、做报表的工作，就误以为数据分析的全貌就是这些。另外，我们还可以主动地去拓展数据，分析其他模块的事情，如在取数之前多思考为什么要取这个数据，分析的框架是什么，分析的目的和接下来要取的数据是否能印证对应上等。不要把自己的工作内容和思想局限在取数这件事上。

4．处理与分析数据

在获取数据之后，我们就要基于前面拆解的分析思路进行数据处理了。在这个环节，我们要关注处理数据的效率、分析的结论及其呈现方式。处理数据经常用到的工具有 Excel、Python、R、Tableau 等。工具没有高级与不高级之分，只要用得熟练，能够高效率地解决问题即可。

基于统计学和定量的分析方法处理数据，分析出能够辅助决策的结论，以合理、直观的图表表达出关键的信息：图表的类型、传达的信息、美观程度。

介绍到这里，相信大家对我们经常提到的 Python 与数据分析的关系就比较清楚了，前者是一个可选的工具，用来实现数据分析的过程，而分析的思路与方法才是相对比较核心的。

5. 撰写报告

在完成上述流程之后，我们要撰写报告，呈现分析的过程与结论。报告的形式不限，可以是 PPT、Excel 表格等，只要能够恰当、合理地表达观点即可。

在撰写完报告之后，事情并没有结束，只是分析的过程告一段落，接下来我们还要和产品部门、运营部门一起就分析的结论，思考解决问题的策略，推动策略落地，监控—反馈—迭代，直到策略正向地促进业务发展。

如果在策略落地一段时间后，业务并没有按预期发展，那么我们需要进行复盘。复盘一般分为以下几步。

（1）落地的策略是否可以解决业务出现的问题？

（2）落地的质量如何？

（3）分析的框架有没有问题？

（4）分析得出的结论有没有问题？

7.2.2 数据分析的 3 种场景

一般来说，数据分析会有 3 种场景：预测性分析、描述性分析和诊断性分析，如图 7-6 所示。不同场景的数据分析对应的目的不同。

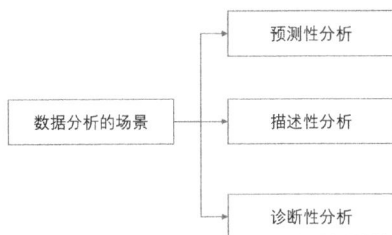

图 7-6

（1）预测性分析：基于现有的数据，结合实际情况，预测业务未来的发展。

（2）描述性分析：有逻辑、成体系地拆解业务，用合理的指标整体评估业务
的状态。

（3）诊断性分析：针对业务的异常波动，分析背后的原因，并提出解决策略。

在业务不同的阶段，会出现不同的分析需求。在业务起步时，数据分析师需要基
于现有数据，结合市场调研等情况，去预测业务的想象空间及未来的发展趋势；当业
务开始运营以后，数据分析师需要从实际的业务场景出发，拆解体系的分析框架，用
合理的指标去评估业务状态；当业务出现异常波动时，数据分析师需要不断地向下拆
解，分析数据，并结合调研，定位业务波动背后的原因，与产品部门、运营部门探讨
解决策略。

不同场景的数据分析的分析结果的呈现形式往往是不同的：预测性分析和诊断
性分析通常以报告的形式来呈现分析结果，可以是 PPT 或者 Excel 表格等；而描述性
分析通常会把框架沉淀在数据产品上，如 Tableau、PowerBI 等，因为涉及的业务方
需要经常关注业务的状态，所以以数据产品的形式来呈现分析结果效率最高，数据
会定期按规则被自动刷新。

数据分析师在平时的工作中要结合实际情况去思考分析结果的最佳呈现形式。
如果是描述性分析，分析结果以 PPT 来呈现，那么数据分析师往往会被业务方催着
每天去更新数据，就会导致工作节奏比较乱。

注：有的资料会把数据分析的场景分为 4 种，增加了处方性分析，即在分析出业

务问题后，提出解决策略去解决它。这里把处方性分析归在诊断性分析中，因为诊断原因和解决策略是需要结合在一起的。

7.2.3　数据分析师的核心能力

数据分析师的核心能力主要分为两个方面：专业能力和影响能力。专业能力就是通过严谨的分析和抽象，将业务和数据合理地结合，发现有价值的信息，指导业务发展，提升效率。专业能力很重要，它是基准线。影响能力也很重要，因为数据分析师需要同产品部门、运营部门合作，才能推动解决策略落地，如果数据分析师没有影响能力，解决策略不能落地，那么他所创造的业务价值也会比较小。

数据分析师如何提升这两个方面的能力呢？

数据分析师除了要具备扎实的专业基本功，还需要深刻地理解业务。专业基本功能给予数据分析师影响业务的能力，深刻地理解业务能给数据分析师带来影响业务的信心。

1．专业基本功

（1）数据获取：数仓基础知识+SQL。

（2）数据处理：Excel+Python（R/SPSS/Matlab）。

（3）数据分析：数据思维+分析思维+统计学+定量分析方法。

（4）结论呈现：PPT/Tableau（PowerBI）。

2．理解业务

数据分析师不要只是从数据出发，而是要贴近业务、参与业务，设身处地地去感受。数据分析师不仅要做到心中有数，还要能理解数据背后的业务场景。

（1）参与业务：实际参与业务作业一段时间。

（2）调研/访谈一线业务人员。

（3）多与业务部门打交道。

对数据分析师来说，完整的工作场景是业务—数据—信息—知识—合作。数据分析师要尽量参与更多的环节，尤其不要只是停留在数据这个环节。

（1）业务—数据：没有灵魂的工具。

（2）业务—数据—信息：浅思考的提供者。

（3）业务—数据—信息—知识：有主见的布道者。

（4）业务—数据—信息—知识—合作：有影响的决策者。

有影响力的前提是要足够专业，团队成员之间要相互信任。整个良好的"化学反应"是需要长期在一起磨合的，数据分析师一方面要抓住机会在团队面前展现自己的专业性，贡献自己的价值，解决团队问题；另一方面要注意一些工作细节，如平时可以多和业务部门的同事交流，增进彼此的熟悉感，同时交流信息。当然，除了团队本身的因素，企业对数据分析师的定位也很重要，有没有话语权很有可能是文化问题。所以说团队合作是一件相对复杂的事，数据分析师要多用心去观察和思考，逐渐提升自己的影响力。

7.2.4 数据分析师的职业素养

想成为一名优秀的数据分析师，需要达到很多条件，除了刚才提到的专业能力和影响能力，还有两点脱离技能的职业素养非常重要。

（1）诚实（向内）：恪守数据诚实的底线，不为了绩效而去做指标，也不要故意做一些有误导性的数据分析。

（2）好奇心（向外）：要对业务的细节、数据的变化有好奇心，能够积极、主动地把事情梳理清楚。

7.2.5　数据分析师的工作内容

数据分析师的工作内容大体上可以分为两类。

（1）偏向外的战略分析：一般是宏观地分析业务形势、行业风口、机会等，对上辅助老板做出一些战略决策。

（2）偏向内的业务分析：分析对象多是具体的业务，侧重于分析业务的表现与波动，指导业务的发展。

除此之外，还有一部分工作内容——业务调研。虽然在工作中，数据分析师80%的时间都在与数据打交道，通过数据去理解业务，但在将数据分析到一定层次之后就需要通过业务调研，解释数据表现背后的原因。有些数据分析师可能以为业务调研只是产品部门和运营部门的工作，其实这也属于数据分析师的工作范畴。

业务调研从广义上来看，也属于数据分析，只不过这里的数据区别于传统的数字数据。业务调研和数据分析的区别如表 7-1 所示。

表 7-1

项目	业务调研	数据分析
数据类型	非结构化数据、结构化数据	结构化数据
数据来源	外部	内部
研究方向	解释性	预测性+描述性+诊断性
解答问题方向	期望、动机、人性、满意度等	规律模式、趋势、关联等

数据分析师只有把数据分析和业务调研结合起来，才能深刻地理解数据的变化，做出更准确、更接地气的策略。数据分析师千万不要有唯数据论的思想，以为所有问题都能从数据中找到答案，而应该围绕着业务转，数据只是辅助数据分析师更好地理解业务的工具，它和访谈调研、深度参与业务没有本质区别。

7.2.6　数据分析师的考核

说完了数据分析师的工作内容，我们再来聊聊数据分析师的考核。

我们先站在老板的角度去想，绩效是对部门员工的有效抓手之一，所以老板一定会综合多方的因素来考虑，不仅会关注员工的产出，可能还会关注自己未来期望引导的方向、部门建设、员工的成长潜力等。但具体的考核关注点还是会落在数据分析师的产出是否足够、是否与部门的定位一致，数据分析师的部门建设是否足够上。

员工的产出是否与部门的定位一致是非常重要的。如果企业当前对部门的定位是助力业务发展，那么深度参与业务，做好业务分析，数据分析师就相对容易脱颖而出；如果企业对部门的定位是辅助建设可以横向赋能的数据体系，那么绩效考核可能会以数据建设为导向。我相信大家很容易理解这点，所以在平时工作时，我们要用心考虑这些大方向上的因素。

企业在考核数据分析师的产出是否足够时，一般会从两个方面去考虑。

（1）专业产出：拆解的项目年度/月度目标、搭建的业务评估指标体系和分析的业务策略等都属于数据分析师的专业产出。

（2）业务结果：往往数据分析师的绩效与业务结果不会被强行绑定，但业务结果差的数据分析师一般不会获得好的绩效。

我们再来说说数据分析师对部门的建设，老板肯定会关注整个组织是否在成长、有进步，所以这部分工作也很关键。

最后，数据分析师不要只关注做了多少事，觉得绩效结果与自己所做的事不匹配，而是要看淡结果本身，多关注自己长期的成长、核心竞争力的培养等。短期获得的收益可能会波动，但从长期来看，个人收益一定与自己的能力、能提供的价值是匹配的。

说了一上午了，阿北口干舌燥，最后说道："这周要分享的内容主要就是这些，大家吸收得怎么样？"

会议室里的新人们都点点头，表示非常期待阿北后续要分享的内容。

7.3 数据分析团队的组织架构及其对应的工作模式

到了第三周，老汤姆对阿北说："接下来关于数据分析团队的组织架构及其对应的工作模式、数据分析师的工作方式，由我来讲吧，这周正好有空。"

阿北："那太好了，我来负责组织和做会议纪要！"

老汤姆点点头。随即阿北把大家都叫到了会议室。在正式开始之前，老汤姆对大家说："对于企业里的很多问题，我们分析到最后很可能发现是组织架构不合理导致的，大家平时在工作中如果遇到部门合作问题、流程问题等，就可以多往这方面去想。"

7.3.1 数据分析团队的组织架构

企业的组织架构会影响部门间的合作，决定了战略能否高效、切实地被推动下去。它确定了我们的汇报关系，继而确定了谁是我们的老板。受绩效的牵引，它最终会影响我们的工作行为。

在互联网企业中，数据分析团队的组织架构一般有以下两种。

（1）以独立的实线部门存在。

（2）存在于业务部门中。

独立的判断标准的核心在于绩效评定权：如果数据分析师的绩效完全由数据分析团队的"老板"决定，业务方只有建议权或者连建议权都没有，数据分析团队就是独立的；如果业务方有一定比例的决定权，数据分析团队就是非独立的。

当然，每种组织架构都各有利弊，大家不要觉得哪种组织架构是绝对合理的，只需看组织架构是否适应当前企业业务发展的需要。

如果数据分析团队是独立的实线部门，因为绩效不由业务方决定，所以这就在机制上保证了数据分析师能够站在老板的立场上去客观地评定企业业务的发展状态，真正扮演好老板的军师这个角色；另外，由于企业的数据分析师都在一个部门中，所招的人更专业，企业能够横向地将数据分析师进行比较，也相对容易做到数据分析团队的专业沉淀，这有利于数据分析师的成长。

如果数据分析师存在于业务部门中，其绩效由业务方来评定，从机制上来看，数据分析师是与业务方站在一起的，就很容易出现数据分析师在业务方向上汇报的数据是被修饰过的、偏正向的，导致老板没办法了解到项目真实的发展情况。招到的人的质量及数据分析师的专业成长都会受到一定的负向影响。但数据分析师存在于业务部门中的好处是在业务部门中，数据分析师深入参与业务，能够支持业务快速发展，做出的分析也相对更加及时和接地气。

7.3.2 不同组织架构的工作模式

对独立的实线部门来说，工作模式一般有以下两种。

（1）部门内以小组的形式支持业务部门，参与业务的运营。

（2）纵向业务部门的需求被统一按排期处理，数据分析团队更多的是做横向的赋能。

第一种工作模式对数据分析团队来说，好处是可以深度参与业务，策略可以被快速地落地与迭代，但坏处在于需要服务两个"老板"：团队"老板"和业务方"老板"。一旦两个"老板"的需求有冲突，数据分析团队就要用合理的方式来处理，需要根据实际情况来判断，往往采取的方式是高优解决团队"老板"的需求，与业务方协调好需求排期。因为团队"老板"才能真正决定数据分析师的绩效，而且团队"老板"的需求影响的是整个团队，所以数据分析团队一定要保证及时和高质量地满足团队"老板"的需求，否则数据分析团队会受到负面影响。数据分析师在与业务方交互时要拿捏好尺度，因为他们是全身心参与业务的，他们希望数据分析师与他们同频，所以数据分析师和业务方之间良好的合作氛围、互相信任与理解非常重要。数据分析师平时在处理需求时，要预留调整空间，不要把时间安排得太紧，当然，不到万不得已，尽量不要用强硬的方式拒绝需求。另外，数据分析师还需要注意的一点是产出问题，因为数据分析师与业务方互相交融，密不可分，所以数据分析师的工作产出容易被稀释在业务方的产出中。虽然参与团队工作要有合作精神，但是数据分析师也需要关注自己的专业产出。

第二种工作模式对数据分析团队来说，好处是价值产出非常明确，坏处在于对纵向业务的理解不深，容易导致横向赋能偏浅，落地性较差。在这种工作模式下，业务部门提出的需求一般会比较简单，排期也会比较久，经常会闹出这样的笑话：业务都已经迭代到第 N 版了，或者已经取消了，业务部门突然收到消息说之前的需求被开发完成了。有的业务部门因为接受不了这么久的排期，所以会自己招聘数据分析师，这不失为一种合理的适应方式。在这种情况下，业务部门的数据分析师可能会受到权限的困扰及视野的局限，不容易从平台的角度去思考问题，但是能够深度参与业务、了解业务。

如果数据分析师存在于业务部门中，工作模式就相对比较确定，数据分析师与业务部门一起参与业务，其精力不容易被分散。但坏处也比较明显，上文已提到。

阿北："组织架构这事真的是细节。"

老汤姆："是啊，所以平时大家遇到问题要用心去思考，不要简单地归因到人。当然，新人应更多地专注于把手上的事做好，企业的组织架构一般不会影响到大家。"

7.4 数据分析师的工作方式

在中间休息了 10 分钟后，老汤姆接着说："待会我再跟大家讲讲好的工作方式是怎样的。不过，每个人都有自己的想法，我主要想抛砖引玉。"

阿北："工作方式是非常重要的，如果有做事的能力，但工作方式不对，工作节奏就不会好。"

老汤姆："是的！越往后，我们越需要理解和掌握好的工作方式，用更高的效率去工作。那我们现在开始吧。"

7.4.1 工作象限图

我先来展示一下我总结的工作象限图，如图 7-7 所示。

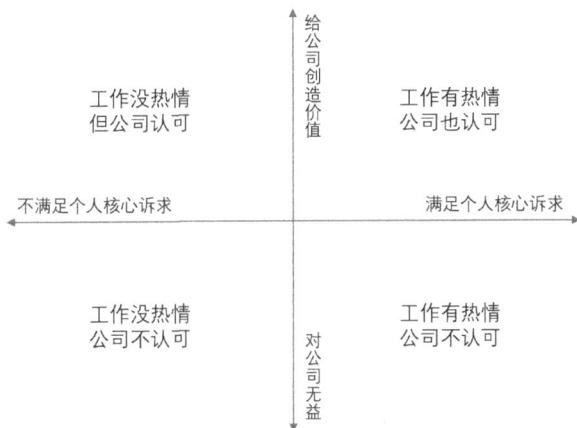

图 7-7

工作对企业来说要创造价值，对个人来说要满足自己的诉求。大部分人短期关注升职加薪，长期关注成长、培养核心竞争力。当然，这三者之间并不是非此即彼的关系，只是我们需要找到平衡点。要想有好的工作节奏，我们就需要想清楚当下自己的核心诉求是什么，要学会不断地根据客观环境调整自己的状态，让自己的工作与核心诉求保持一致，最大地激发自己的热情与创造力，要经常反观自己是否还位于第一象限。

7.4.2 1+N 的工作内容

如果一个数据分析师在工作中对接多个项目，这样的工作节奏就不好，这会导致数据分析师对每块业务的了解都不深入，所以数据分析师不应贪多。如果可以选择，那么一个数据分析师最好主跟一个项目，将自己大部分的时间和精力都放在这个项目上。这样一来，随着项目的发展，数据分析师就会不断地成长，同时会产出价值，这就是 1+N 中的 1。项目的规模不能太小，要能给数据分析师足够的成长空间。N 代表可以同时接一些小项目，以一两个为宜，数据分析师和更多的业务方接触，让自己更加了解企业正在做的事，在不影响深耕主项目的基础上，可以扩充自己的业务边界。对这些项目的要求是规模不能大，如果有一个是中型项目，那么数据分析师的精力会不够。

1+N 的工作内容符合 T 字形人才的要求（"—"表示要有广博的知识面，"|"表示在某一方面的专业深度要足够，二者结合，既有深度，又有广度）。

7.4.3　与业务方的合作模式

企业中绝大部分的项目都是需要通过合作完成的，常常需要跨部门合作，甚至是跨业务线合作，没有哪个部门可以靠一己之力解决所有问题。在工作中，数据分析师往往没有办法直接影响业务，而需要同产品部门、运营部门协作，共同推动业务发展。随着工作的深入，我们就会感受到合作无处不在。

常见的数据分析师与业务方的合作模式有两种。

（1）主负责的项目经理规划好了全盘的路线，合理地根据每个人的职责分配好工作。

（2）主负责的项目经理梳理了全盘的模块，每个人负责对应的模块。

这两种合作模式都是合理的，只要所做的事情都在职责范畴之内即可。

第一种合作模式，因为项目经理负责全盘的路线规划，所以项目经理需要深刻了解业务、懂产品、懂数据、懂运营等，这对个人的素质要求很高。如果项目经理对业务方向的思考有偏差，就可能导致整个团队拿不到业务结果。在这种合作模式下，只要负责人的专业技能过硬，团队中每个成员的工作节奏都会比较好，每个人要保证的就是发挥自己的专业性，做好自己的工作。但需要注意的是，很多时候你的认知不一定真正是你理解和掌握到的认知，而是负责人的认知。

第二种合作模式，每个人负责的是模块，而不是具体的工作项。数据分析师往往会负责整个项目的策略路径。这类工作的难度系数相对较大，数据分析师要做的工作可能不是某一处的优化，而是基于业务进行全盘思考。如果数据分析师感觉这类工作做起来有些吃力，那么可以参考以下几点建议（这种能力的养成需要经过长期实践和思考的锻炼）。

（1）按职责范畴划分，这类工作理应由项目经理主负责，所以数据分析师不要把压力全部放在自己身上，可以在项目会议上把这种命题（项目的策略路径）抛给大家，让每个人都参与进来。

（2）寻求帮助。数据分析师可向有过类似经历成功经验的人请教做这类工作的一般方法。要做好这类工作，数据分析师需要对商业和业务有足够的理解、有清晰且系统的思考问题框架等。

（3）不要从数据出发，而是从业务出发，数据只是辅助工具。从经验来看，很多人都会过于崇尚数据，以为所有的业务问题都可以直接从数据中找到答案，如果团队成员因为有这种认知而给你带来了额外的压力，那么你一定要纠正他们，因为解决业务问题要从业务本身出发。

如果由于各种原因，数据分析师不得不自己去做这类工作，就要利用好团队的资源，让大家多从业务出发，给自己一些输入。比较忌讳的是数据分析师在自身能力不够的情况下，自己闷头做这类工作，这往往会导致数据分析师的工作压力很大，最终不能做好工作，进而导致团队各方的利益受损。数据分析师要宏观地判断问题的复杂度，用巧妙的、合作的、杠杆效率高的方式去解决问题。

7.4.4　有关工作方式常见问题的解法思考

专业能力和工作方式都非常重要，只关注做事层面而不思考合理工作方式的人，往往工作不得其法，节奏差、出力不讨好、负重前行……因此，数据分析师不仅要有过硬的专业技能，还要注重合理的工作方式，用更高的杠杆效率去完成工作。

如何培养好的工作方式呢？我们需要回到拆解的思维，把遇到的问题层层往下拆解，定位出现问题的原因，有针对性地思考解决方案。只不过最终对问题的描述可能是感性的，如业务方不专业、业务方不尊重数据分析师等，这些都需要我们用心去观察和思考。

下面列举两个常见问题。

常见问题一：数据分析师如何避免成为取数"工具人"？

（1）从主观上来讲，数据分析师成为取数"工具人"的原因有两个。

① 数据分析师的态度不积极，觉得取数很轻松，没有太大压力。这种想法不可取，原因不再多说。

② 数据分析师的专业技能不够硬，目前只能做取数的事情。因此，数据分析师避免成为取数"工具人"的前提是专业技能过硬，业务理解深度、分析能力、数据获取与处理能力、统计学基础知识等，这些都要过关。

（2）从客观上来讲，数据分析师成为取数"工具人"的原因也有两个。

① 业务方不清楚数据分析师的定位。只要大家都在平等、信任的合作前提下，这就相对好处理。数据分析师要主动地与业务方沟通，让业务方知道自己的能力，相互磨合一段时间就好。如果是缺乏信任，双方就需要一起合作，慢慢培养更好的"化学反应"。

② 业务方比较强势，在多次沟通后，业务方还是只让数据分析师做取数的工作。这种情况该怎么解决？数据分析师可从以下 3 个方面去说服业务方：一是专业

性，业务方做数据分析师的工作，很有可能因为不专业或者做错而造成负面影响；二是团队效率，业务方没有做好合理的角色分工，大概率会导致团队效率下降；三是合作精神，团队工作中的角色分工有问题，会导致合作不顺畅。

总结来说，就是数据分析师要用积极的态度+过硬的专业技能+合理的工作方式去解决问题。

当然，如果还不能解决问题，就不是数据分析师的问题了，数据分析师可以寻求上级领导的帮助。

常见问题二：业务方一直催促，该怎么办？

在工作当中，每个人都希望自己的需求被高优解决，但是催促别人一定要把握合理的尺度。如果业务方一直催促数据分析师，那么数据分析师可以将这个问题拆解为两个问题。

（1）站在业务方的角度考虑，业务方应不应该催促数据分析师？

（2）业务方催促数据分析师的尺度是不是过了？

在实际工作中，情况会比较复杂，针对以上两个问题，我梳理了常见的几种原因及对应的解法。

（1）站在业务方的角度，业务方应不应该催促数据分析师？

① 如果合作流程卡在数据分析师这里：数据分析师已经在高优处理了，就要主动地与业务方沟通；数据分析师在处理其他事，就要向业务方解释清楚，若业务方着急，则可让业务方与自己的领导协调时间安排。

② 如果合作流程不是卡在数据分析师这里，或者事情并不着急，数据分析师就要合理地拒绝业务方。业务方常常会觉得所有的事情都卡在数据分析师这里，不去调研业务，不去推动事情，反而一直催促数据分析师，在这种情况下，数据

分析师一定要拒绝业务方，跟业务方解释清楚，数据不能解决所有问题。

（2）业务方催促数据分析师的尺度是不是过了？

如果业务方每隔几分钟就过来问一下进度，数据分析师就要合理地表达自己对他这种行为的不认可。在团队合作中，对于对方不合理的工作方式，我们一定要拒绝，但是需要注意表达方式。

大家点点头，若有所思。

老汤姆："好了，这周要说的内容就是这些了，大家回去好好琢磨琢磨，下周继续由阿北来跟大家分享。"

阿北："好的，下周我们开始进行数据分析实战。"

第 **8** 章

数据分析实操

8.1 预测性分析

阿北："不知道大家对之前分享过的数据分析的流程和 3 种场景还有没有印象，接下来我要详细地讲解每种场景。我会按照预测性分析、描述性分析、诊断性分析的顺序来讲解。"

无论是大到企业定战略目标，还是小到项目经理做业务决策，都需要前置预估业务未来的发展来辅助判断，这是预测性分析范畴内的工作内容。

8.1.1 预测性分析的目的

预测是指基于已知信息（历史数据、后续资源投入等），假设事物发展的趋势会延伸到以后，以此来对未来进行预估，可能发生的特殊影响事件不在考虑范畴之内，但最后会留出一定的调整空间。

预测性分析主要有两种场景。

（1）自上而下：先由老板确定最终要达到的目标，再向下拆解预估过程中要完成的阶段性目标和所需要的资源。

（2）自下而上：先预估业务每个模块的目标，再向上汇总，得到业务整体可以达到的目标。

预测性分析的目的主要是前置预估事物未来发展的可能性，指导当下的决策。

（1）将预估的未来收益作为依据，辅助当下的决策、前置的调度资源分配。

（2）预估阶段性要达到的目标，为接下来的工作提供方向及评估工作进度。

在企业内部，预估业务未来要达到的目标，要先保证预估过程的逻辑合理，再调整过程中不同系数的大小，一般会出两版目标：保守版和激进版。团队的后续工作要朝着这个方向去努力：完成保守版目标，争取完成激进版目标。

关于目标调整和达成度考核，如果放长时间来看，业务是在快速发展的，那么大概率需要根据实际情况动态地调整目标。但如果把时间看短，如周期定为一个月或者一个季度，企业可能就不用调整目标，而应重点关注完成进度。企业也常会用达成度来考核业务团队，将达成度作为绩效评定的参考标准之一。这其中需要考虑的细节就是数据分析师主导了业务目标的测算，所以为了让他们做到公正，一般不会考核他们的目标达成度，否则可能造成目标偏低、容易完成，这对企业来说是不利于业务发展的。

8.1.2　分析思路与方法

提到预测，大家可能首先想到的是与数据挖掘、机器学习相关，与业务相关的目标测算一般不会从机器学习开始，即使需要用到相关的数据，我们也会与算法团队合作去完成。我们在做预测性分析时，同样按照数据分析的流程进行。

（1）明确分析目的：如预测企业内某业务的年度发展目标。

（2）明确分析思路：搭建分析框架，我们通常会基于公式来拆解，公式可以基于数学关系，也可以基于业务逻辑；在拆解完之后，对每个部分我们都会根据一些分析方法，结合实际资源投入情况来进行预测，最终实现对整体业务发展的预估。

（3）获取数据：获取分析所必要的数据。

（4）处理与分析数据：对获取的数据按拆解的分析思路进行处理。

（5）撰写报告：通常以 Excel 表格的形式呈现最终的结果。

对于预测性分析的框架，我们通常会基于公式来拆解，常见的形式有两种。

（1）基于数学关系，如 GMV＝付费用户量 × 平均付费金额。

（2）基于业务逻辑，如运营活动期间的 GMV＝资源投入前的 GMV× 提升系数。

针对每个部分常用的具体分析方法有移动平均法、相关性分析法、各种插值法等。

8.1.3　预测性分析案例

电商企业会做很多营销活动，以此来刺激用户在平台内消费。最近我们企业正好在筹划"双十一"的活动，现在产品部门、运营部门想让我们预估一下今年"双十一"当天的 GMV 能达到多少。

这个需求非常明确，我们需要搭建一个预估的分析框架，对 GMV 进行拆解。我们以 GMV=付费用户量 × 平均付费金额对 GMV 进行拆解，预估活动期间的 GMV 就变成预估活动期间的付费用户量及平均付费金额。

如果以相对粗略的方式进行预估，那么我们可以将往年"双十一"的付费用户量，乘以预估系数（比较今年和往年的资源投入比），得出今年的付费用户量。平均付费金额可以参考往年的数据。预估系数可以是一个范围，这样就会得出 GMV 预估值的保守版和激进版。GMV 预估值的计算公式为

$$GMV 预估值=付费用户量×平均付费金额$$
$$=（往年付费用户量×预估系数）×往年平均付费金额$$

如果以相对精确的方式进行预估，我们就需要把付费用户量往下拆解，将往年每个渠道的转化率，乘以今年每个渠道的实际值，得出今年的付费用户量。平均付费金额可以参考往年的数据，如果今年的客单价发生变化，那么我们可以再酌情调整。付费用户量的拆解方式示例如图 8-1 所示。

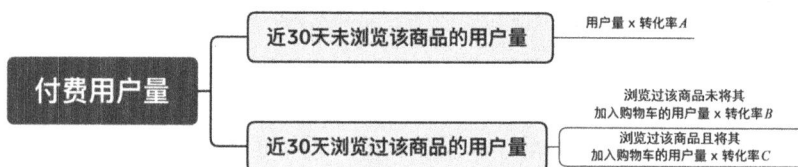

图 8-1

如果采用如图 8-1 所示的方式进行预估，那么我们需要注意几个细节。

（1）今年取数的口径要和往年一致，如往年的转化率取的是活动前 10 天的数据，那么今年的转化率也要取活动前 10 天的数据。

（2）近 30 天未浏览该商品的用户量，可以在大盘用户中进一步限定，如限定为近 30 天登录过的用户。

假设每个渠道的转化率今年保持稳定（结合资源投入、产品改进等实际情况预

估一个范围），那么今年每个渠道的实际值是可以算出来的，针对今年付费用户量的预估就会相对精确一些。

通过这个案例，我相信大家已经明白了，实际工作中的目标预估需要先限定一个框架，在这个基础上，大家可以往下逐步拆解，较精确地进行测算，也可以直接基于框架中的结果值，以粗略的方式进行预估，但整个过程都是围绕这个框架有逻辑地来展开的。

新人："我的理解是，在有些需求中，假设也是测算付费用户量，通过历史数据，可以结合移动平均法或者相关性分析法进行预估，对吗？"

阿北："是的，对于不同的需求，我们需要根据实际情况去处理，但整体的逻辑和流程是一样的。"

新人："明白了！"

8.2 描述性分析

阿北："说完了预测性分析，我再接着说描述性分析。数据分析师经常需要做日报、周报、月报，评估业务的状态和进展，这些都是描述性分析范畴内的工作内容。"

8.2.1 描述性分析的目的

描述性分析的目的是用体系化的框架、合理的指标去评估业务状态，清楚地判断业务现状及定位业务波动的数据原因。

一般来说，日报、周报，或者对于某块业务的描述性分析报告都会沉淀在数据产品上自动更新，因为业务方需要经常关注相关的数据。

（1）提升工作效率：通过数据产品定期自动化刷新描述性分析报告，减少重复
工作量。

（2）提升杠杆效率：通过描述性分析报告的拆解逻辑，让更多的人了解业务状
态，并知道如何去改善业务状态。

阿北："另外，在这里我要重点提醒一下，大家以后会常常需要做这方面的工作，所以大家一定要记得多用并用好工具、模板，提升效率，否则每天或者每周都需要手动更新数据，工作效率会非常低。"

8.2.2 分析思路与方法

一提到与描述性分析相关的工作，很多人可能会说是给业务方计算各种各样的数据、制作报表和 Excel 模板等，从而以为这样的工作是重复性的、不需要思考的。实际并不是这样的，而恰恰相反，它需要数据分析师更宏观、深刻地理解整个业务。只不过在平时工作中，数据分析师对于很多业务的描述性分析已经固化了，数据分析师只需要获取与处理过程中的数据。我们对业务的描述性分析，同样按照数据分析的流程进行。

（1）明确分析目的：系统地评估企业某业务的状态。

（2）明确分析思路：搭建分析框架，拆解业务，通常会根据实际情况，使用逻辑树、5W2H 分析法、PEST 分析模型等分析方法，确定业务和子模块的核心观测指标，用合适的分析方法表现业务发展的好坏。

（3）获取数据：获取分析所必要的数据。

（4）处理与分析数据：对获取的数据按拆解的分析思路进行处理。

（5）撰写报告：通常会在数据产品（Tableau、PowerBI 等）上呈现最终的
结果。

常用的分析方法有漏斗分析、对比分析、分组分析等。

8.2.3　描述性分析案例

前段时间，老板正好让我们部门搭建线上商品 A 的流量转化分析框架。大家都知道对电商企业来说，线上流量转成交是收入的重要来源，那么针对这样的需求，我们该怎么做呢？

（1）明确分析目的：老板想通过整体分析了解企业线上商品 A 的流量转化情况。

（2）明确分析思路：我们采用逻辑树方法来拆解，将整个业务流程拆解为两个大的模块：流量产生和流量转化。流量产生关注渠道来源，流量转化可以按产品流程来分析，即进入商品 A 页面的流量有多少、到每个流程的转化率是多少。从分析报告的结构上来说，在开始的位置增加一个核心部分，主要展示业务的关键数据。

① 核心部分：当月流量、过程转化率和转成交率。

② 流量产生：关注不同渠道的流量和转成交率。

③ 流量转化：分为 5 个流程，即进入商品 A 页面—加入购物车—确认订单—选择付费方式—付费成功，在每个流程都要关注量的绝对值和到下个流程的转化率。

（3）明确分析方法。

① 对比分析：对于核心部分，对比关键指标的月环比数据、目标达成度（与时间进度对比）；对于流量产生部分，对比不同时间段的流量变化，判断整体的波动趋势，关注不同渠道的流量和转化率月环比数据，对比分析渠道的表现；对于流量转化部分，对比漏斗的每个流程与上月的绝对值和转化率变化。

② 漏斗分析：对于流量转化的 5 个流程，采用漏斗分析方法来处理。

（4）获取、处理与分析数据：按上述分析思路来处理数据。

（5）撰写报告：最终在数据产品上呈现分析结果。

描述性分析示例如图 8-2 所示。

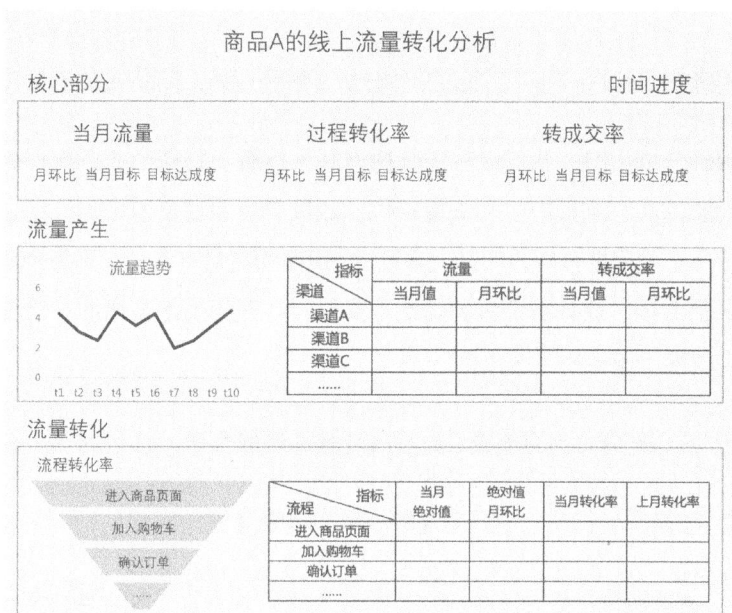

图 8-2

阿北："这里涉及需求的细节我没有讲，如漏斗转化数据的统计周期等，大家在实际工作中根据具体情况具体对待即可。大家要掌握的是整体分析的流程和逻辑。"

8.3 诊断性分析

阿北："好，我们再接着讲最后一种分析场景——诊断性分析。"

8.3.1　诊断性分析的目的

对于业务在运营过程中变好或者变差的原因，我们需要通过诊断性分析，并结合业务调研来确定。诊断性分析的一般流程：发现问题—定义问题—拆解问题—寻找原因—提出解决方案—落地执行—反馈迭代，直到业务问题被解决。评估标准一般是关键指标的变化符合预期。

这么讲可能有些抽象，我们来看一个看病的例子，大家就清楚了。

假如有一天你吃坏了肚子，去医院看病。等你到了医院之后，医生一般会先咨询你最近的情况：吃了什么、有没有着凉、有没有剧烈运动等，然后会让你去做专业的检查：尿检或者血检。等检查结果出来之后，医生会根据检查结果判断病情，并给你开药。之后，你就进入治疗—复查阶段，直到病愈。整个看病的过程就类似于诊断性分析的工作，如图 8-3 所示。

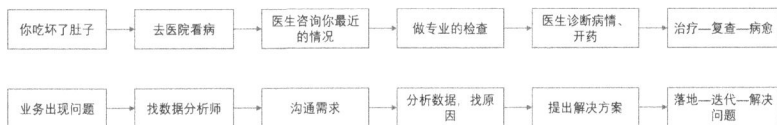

图 8-3

8.3.2　分析思路与方法

1．发现问题

问题可能是业务方发现的，也可能是数据分析师自己发现的。无论是哪种情况，数据分析师都需要对业务非常了解，对数据敏感，能判断出指标的波动是否异常。

常用来判断指标波动是否异常的方法有箱线图法、六西格玛原则等，这些方法的原理是一样的，就是界定正常波动的范围，再确定离群点，只是所使用的方法和标准有所差异。下面详细解释一下箱线图法。

（1）收集指标在时间序列上的表现，找出中位数和两个四分位数。

① 中位数是一组数据在排序后处于 50%位置上的数据。

② 四分位数是一组数据在排序后处于 25%位置和 75%位置上的两个分位值，分别用 Q25%和 Q75%来表示。Q75%-Q25%称为四分位差，一般用 IQR（Inter Quartile Range）表示。

（2）计算内围栏。

① 下围栏：Q25%-1.5×IQR。

② 上围栏：Q75%+1.5×IQR。

（3）找出离群点。离群点是大于上围栏或者小于下围栏的数据点。

以上就是用箱线图法判断异常值的过程（见图 8-4），这里处理的距离是 1.5 倍 IQR（温和异常值），更严格一些可以用 3 倍 IQR 去判断极端异常值。

图 8-4

2．定义问题

无论是发现的业务异常波动，还是老板抛过来的需求，在分析之前我们都需要把问题定义清楚。毫不夸张地说，把问题定义清楚，分析就做完一半了。

我们常用 SMART 原则来定义问题。

S：Specific，具体的。

M：Measurable，可衡量的。

A：Attainable，可实现的。

R：Relevant，相关的。

T：Time-bound，有期限的。

举个例子：业务方让数据分析师帮忙分析线下运营的 A 零售门店最近销量下滑的原因。很多时候数据分析师接到的需求描述都是这样的：问题的定义很模糊，因此数据分析师需要根据 SMART 原则，不断地往下深挖，进一步确定问题。

（1）可衡量的：销量的计算口径是什么？是所有品类还是某单一品类？销量下滑了多少？

（2）有期限的：最近是什么时间段？销量下滑是同之前什么时间段比较的？

带着这些问题，数据分析师与业务方确认细节，并辅助业务方计算一些相关数据（相关的、可实现的），确定问题确实是存在的。最终，数据分析师确定了具体的问题：分析线下运营的 A 零售门店的坚果品类 2 月的日均销量比 1 月下滑 10%的原因。

3．拆解问题

在将问题定义清楚之后，我们就需要拆解问题了。为了保证整个过程不重不漏，我们经常使用体系化的分析框架，这些内容在前面的章节中已提到过。下面我再补充两个实用的小技巧。

（1）在工作中我们经常会遇到不具备一般性的业务问题，我们往往是遵照逻辑树的规则来拆解的。为了保证最终结果不重不漏，我常会按照业务流程的顺序来拆解模块。例如，实体零售店销售一件商品，整个业务流程为店外流量—进店—选购/导购—购买。

（2）在拆解问题时，我们需要往后续可运营的方向上拆解，这一点要注意。这是什么意思呢？我给大家举一个考试的例子，假设某高考考生需要考的科目是语文、数学、英语、物理、化学和生物，我们想要帮他提升总分，该怎么来分析呢？我们按逻辑树来拆解总分。

第一种拆解维度：总分=语文分数+数学分数+英语分数+物理分数+化学分数+生物分数。我们分析他每个科目近几次考试的平均分和科目满分的差距，得出每个科目的提升空间。假设分析的结果是数学分数比较低，不考虑其他因素，要提升总分，他就需要在数学上用功了。这种拆解维度最终运营的方向是可以落地的，就是提升数学科目的分数。

第二种拆解维度：总分=特级教师所教科目总分+非特级教师所教科目总分。这样的拆解也是满足 MECE 原则的，但如果把解决问题的关注点放在教师身上，假设分析结果是大部分非特级教师所教科目的总分较低，那么提升总分的方式可能就是更换教师。这种拆解维度最终运营的方向是无法落地的。

任何一个问题的拆解维度都有很多种，这取决于数据分析师分析问题的维度。但在前置拆解时，数据分析师需要往下再想一步，从这种拆解维度得出的解决方案是否可以落地，这比较考验数据分析师对业务的理解深度和实践经验。

4. 寻找原因

在拆解完问题之后（把问题拆解为多个模块），我们就需要寻找原因了。在这步我们采用的方法是分析数据+业务调研。针对每个模块的分析，我们可以使用很多分析方法，如漏斗分析、对比分析、相关性分析等，这就是很多资料中提到的具体分析方法（对比思考一下上文提到的分析方法，你是否弄清楚了二者的区别）。对于采用什么样的分析方法，我还想再多说一下：不管是黑猫还是白猫，捉住老鼠就是好猫。很多人会盲目地崇尚高级分析方法，这是没必要的，不要为了分析而分析，核心还是要从解决的问题本身出发。

每个模块下的数据都是大量的、多维的，我们在分析数据时应该从哪里下手呢？分析数据比较忌讳的是没有想清楚要分析什么，盲目地进行分析。正确的路径应该是根据业务理解，提出假设，数据分析的目的是验证假设是否成立。

接着上文提到的线下运营的 A 零售门店销量下滑的案例往下讲。如果某类商品的销量较上月下滑了，针对拆解的那几个模块，在分析原因时，我们就可以分别提出一些猜想，并寻求数据验证（先假设所有的数据都是可以获取的）。

（1）店外流量：店外流量是否减少了？是否因为最近天气比较炎热，大家不愿意出来？

（2）进店：是否因为店里没有提供冷气，所以大家选择了其他门店？

（3）选购/导购：导购人员是否减少了？导购人员是否更换了？

…………

当分析到某些数据变化，已经提不出业务猜想或者无法再往下进行数据分析时，我们就要多去访谈和调研一线业务人员，从实际业务中寻找输入。我们最终要定位业务原因，而不是数据原因。对于上文提到的线下运营的 A 零售门店销量下滑的案例，如果我们确实发现 A 零售门店在天气炎热的时候，因为空调维修没有提供冷气，那么要确定是否是这个原因导致销量下滑，我们可以调研去附近门店购买商品的顾客，咨询他们没有选择 A 零售门店的原因，询问他们是否受到 A 零售门店没有提供冷气的影响。

5. 提出解决方案

当找到业务波动的原因之后，数据分析师就需要和业务方一起探讨解决方案了。探讨一般分为以下几个方面。

（1）如何来解决？短期和长期的方案是什么（是运营活动还是产品机制）？

（2）问题解决的优先级，根据综合成本、收益等情况来判断。

6. 落地执行—反馈迭代

在确定解决方案之后，相关人员就需要将解决方案落地了。在这期间，数据分析师要不断地关注核心指标的变化，及时复盘解决方案的落地效果，并针对过程中出现的不符合预期的偏差及时调整迭代策略。若偏差严重，则数据分析师可能需要重新进行分析，直到问题被解决。业务发展进入一个良性循环，整件事情才算结束。

阿北："关于数据分析的流程和 3 种场景的应用到这里就讲完了，大家先休息 10 分钟，最后我再讲一下如何撰写数据分析报告。"

8.4　数据分析报告

等大家休息完都回到座位上，阿北开始了最后一部分的讲解：如何撰写数据分析报告。

8.4.1　数据分析报告的定位

数据分析报告是数据分析师观点的载体，是数据分析师对外输出的产品，所以数据分析师一定要高标准地对外交付数据分析报告。数据分析师通过数据分析报告向需求方表达分析的结论并阐述分析过程，让双方达成共识。后续对业务的监控、策略方向的确定都围绕数据分析报告来展开，促进业务的正向发展。

总结上述关键词：需求方、结论和分析过程。因此，一份好的数据分析报告一般要满足以下 3 个要求。

（1）面向需求方：针对不同的对象，用不同的风格来写。

（2）结论简明扼要。

（3）分析过程严谨、全面。

数据分析报告整体的结构要有逻辑，每个部分之间的起承转合要顺畅，整份报告的内容要是一个完整的故事。至于报告的形式，可以是 PPT、Tableau 报告或者 Excel 表格，形式不限，合适就好。

8.4.2 预测性分析报告的结构

在多数情况下,预测性分析的报告都是以 Excel 表格的形式来呈现的。因为在测算时涉及的过程数据和计算公式等都需要保留,而且数据分析师在后续还需要根据实际情况对预测性分析的结果进行调整,直接在 Excel 表格中进行操作比较方便。

数据分析师在撰写预测性分析报告时,需要注意以下几点。

(1)要分开展示测算的过程数据和最终的结果数据,尽量不要将二者混在一起。

(2)一定要保留过程的计算公式,以方便后续对数据进行调整。

(3)最好用一个单独的工作表来记录数据之间的计算逻辑和指标的口径。

因此,预测性分析报告的内容可以分为结果数据、测算过程数据、计算逻辑和指标的口径 3 个部分。数据分析师可以将测算的过程按数据计算的逻辑顺序来展示,以降低理解成本低。总之,数据分析师要注意以上几点,力求让预测性分析报告结构清晰、逻辑严谨、数据预测的可解释性强。

8.4.3 描述性分析报告的结构

我们先来回顾一下描述性分析的目的:用体系化的框架、合理的指标去评估业务状态,清楚地判断业务现状及定位业务波动的数据原因。总结其中的关键词:框架性合理地评估。因此,针对某一块业务,好的描述性分析报告需要围绕这个关键词来展开。描述性分析报告在大多数情况下会沉淀在数据产品上,以减少数据分析师的重复工作,提升工作效率。

我们可以按照这样的顺序来整理。

(1)描述性分析报告面向的对象:根据职责范畴,确定描述性分析报告中要展示哪些业务。

(2)业务的展示顺序:可以按业务级别的高低来展示,或者按业务之间的流程顺序来展示等。

（3）具体业务的评估：按总—分的结构来展开，分 3 层，即评估指标、指标表现、呈现形式。

在理解业务的基础上，结合分析框架，对业务进行拆解。

① 确定业务的核心监控指标、拆解的子模块的监控指标，用对比分析的方法评估指标的表现，反映业务的变化。

♪ 定向对比：完成目标进度与时间进度的对比。

♪ 横向对比：不同对象间的对比。

♪ 纵向对比：同一对象不同维度的对比（不同的时间段，同环比、活动前后的对比等）。

② 合理的呈现形式：趋势图、颜色梯度等。

8.4.4 诊断性分析报告的结构

数据分析师在项目中合作的业务方往往是产品部门、运营部门，针对他们，应如何撰写诊断性分析报告呢?

推荐的结构顺序：标题页—目录页—结论—策略—分论点论证过程—结束页。

（1）将结论放在前面是为了让业务方刚开始就对整个分析有宏观的把握。

（2）将策略放在结论后面，归纳完分析结论，就给出问题的解决方案。

（3）在策略后面详细地阐述分析过程和调研结果。

每个人都有自己的写作风格，针对这些环节有不同的组合方式，不同的数据分析报告的结构也会有所差异，有的可能适合把结论和策略放在后面。对于这些，我们可以根据实际情况来调整。对于结论、策略、分论点论证过程这3个部分，我们在撰写时一般需要注意什么呢?

（1）结论：将结论简明扼要地归纳为 3～5 个，结论太多会让人脑对其的记忆效
　　　果变差。

（2）策略：写清楚策略方案、落地计划和收益评估。

（3）分论点论证过程。

　　① PPT 的标题是对整页 PPT 内容的概括。

　　② PPT 的内容结构：分论点阐述+数据论证（图/表）。

诊断性分析报告的呈现框架如图 8-5 所示。

图 8-5

注：每页 PPT 中的图/表数据要能够直接证明分论点，而不需要其他的辅助论证，如果需要辅助论证，那么这些辅助论证必须被展示在 PPT 中。对于 PPT 中的数据，我们要检查 4 项：名称+值+单位+数据口径。

最后，阿北说道："整个数据分析的学习内容到此就结束了，本周我们结合预测分析、描述性分析、诊断性分析的场景，把数据分析的流程详细地讲解了一遍，我建议大家反复揣摩整个流程，体会数据是怎样赋能业务、指导业务发展的。

"另外，我还需要提醒大家，不同业务的整体分析思路是类似的，但分析的细节存在一些差异，大家要根据实际情况来调整分析的细节。最后，我希望每位数据分析师都能发挥出数据的价值，切实地正向促进业务的发展，在这个领域有所建树。"

数据应用篇

数据应用篇主要介绍数据应用层的建设，即数据在业务中的实际应用，包括 BI 系统的建设、标签体系和用户画像的建设、电商反作弊和个性化推荐的应用，帮助企业实现降本提效的商业目标。

数据应用篇一是介绍 BI 系统的建设，通过搭建自助化报表，为业务方提供自助分析的环境；二是介绍标签体系和用户画像系统的建设，讲解如何将数据嵌入业务方的生产流程中，助力业务方开展智能营销、精准广告投放、智能风控；三是介绍数据在电商反作弊体系中的应用，通过设计风控规则，运用机器学习等方式，监测和拦截作弊行为；四是介绍个性化推荐的应用，包括资讯个性化推荐和电商个性化推送，通过建设标签库、运用推荐算法、设计推荐策略，实现个性化推荐，从而提升用户体验，为企业创造商业价值。

第 9 章

BI 系统

9.1 让人头疼的看板需求

老汤姆："在上次月会上盘点研发资源时，我发现十几个研发资源都用在了 A 分析看板、B 分析看板、C 分析看板和 D 分析看板的迭代上，截至今天，怎么这些看板报表还需要持续占用这么多资源？"

小诺："嗯，确实是，一方面，目前业务高速发展，导致最近涌现了大量看板需求；另一方面，因为现在的 BI 系统不支持可视化看板配置，所以现有看板系统的实现都采用研发定制开发的形式，故资源一直被占用、得不到释放。"

老汤姆："对了，在上次月会上研发部门的负责人还表示，有些研发人员因为长期定制化实现这些看板系统，有离职的想法。"

小诺："嗯，我也听说，目前这种定制化开发实现看板系统的方式确实存在一些弊端。"

1. 研发人员的成长受限

看板需求虽然来自不同的业务线，有差异，但也有一些共性。在研发人员实现这些需求时，共性会更多，因此研发人员可能产生长期从事重复性工作的感觉，日复一日，其个人成长就可能受限。

2. 研发成本高

现有看板系统均是研发定制化开发的，研发成本高。

3. 需求走排期，实现时间长

虽然目前我们为各个看板系统都设置了一些资源，但是业务人员还是反馈需求的实现时间长，不能满足业务发展的诉求。目前，一个看板系统的建设，短则 1～2 天，长则 3～5 天，这样的实现时间确实很难和业务高速发展的速度匹配。

老汤姆："基于这些问题，咱们是否有更好的解决方案呢？"

小风："领导，确实有，我们准备新建一个 BI 系统，支持业务人员通过可视化、拖动的方式完成看板的配置。"

9.2 BI 系统介绍

9.2.1 什么是 BI 系统

BI 的全称是 Bussiness Intelligent（商业智能），我们一般将 BI 视作一种数据解决方案，它伴随着企业信息化的发展逐渐发展起来。在企业的初期阶段，一般由技术人员通过编写 SQL 代码查询数据库的数据并将数据导出到本地数据文件，由专人将数据文件导入分析软件中进行业务统计分析，并交付给业务人员和决策人员。随着企业的业务快速发展，企业积累的数据量越来越大，涉及的数据源和维度也越来越多，之前这种烦琐且低效的数据处理方式已经不再适用，取而代之的是更先进的计算分析技术和操作交互系统，也就是 BI 系统。BI 系统可以通过接入企业的业务数据，让业务人员更多地参与数据加工和图表制作的过程，释放技术人员的开发压力，提高其他人员的参与度和对数据的控制力，让分析工作更加敏捷和高效。

9.2.2 BI 系统有哪些

比较知名的 BI 系统早期大多数是由国外企业研发的，有 BO（Business Objects）、Cognos、BIEE 和 MicroStrategy。后来，敏捷 BI 概念兴起，PowerBI、Tableau、QlikView 等 BI 系统通过重视用户操作体验和企业低成本部署方面的优势，降低了 BI 系统的使用门槛，抢占了不少的行业市场。

国外企业研发的 BI 系统功能丰富，技术前沿，依靠强大的数据平台，将数据处理和分析能力进行整合，可以依据用户需求定制化服务方案。近年来，国内的企业也越来越强调通过数据来驱动业务增长，企业建设 BI 系统的需求越来越强烈，国内的 BI 系统研发商提供的 BI 系统逐渐把数据加工、多维分析和可视化等技术整合成方案，实现对外服务输出，在这期间出现了帆软软件有限公司、北京亿信华辰软件有限责任公司、阿里云、腾讯云、百度云等本地化服务更好的 BI 系统研发商。BI 系统的发展阶段如图 9-1 所示。

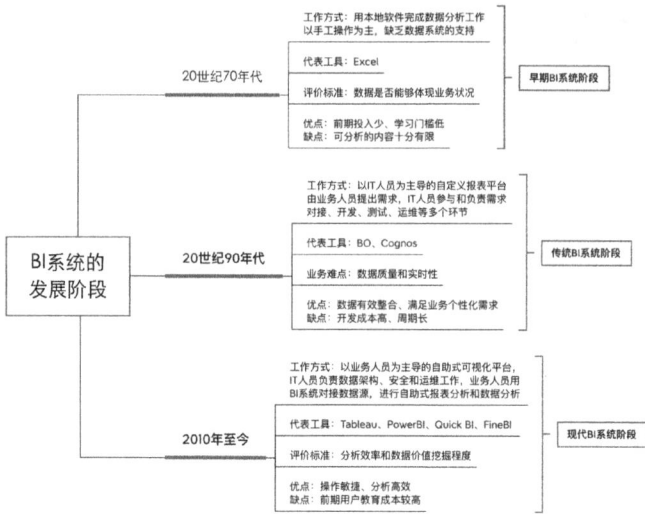

图 9-1

9.2.3　BI 系统的相关人员

随着市面上的 BI 系统越来越多，BI 系统研发商的产品研发战略更多地倾向于降低用户的使用门槛、优化交互体验，以及丰富图表展示等方面，也有的 BI 系统已经通过 AI（Artificial Intelligence，人工智能）算法加成提高了产品竞争力。BI 系统的用户比较多，可以说，在一个企业内部，存在分析需求的人，都可以成为 BI 系统的用户。BI 系统的用户构成如图 9-2 所示。

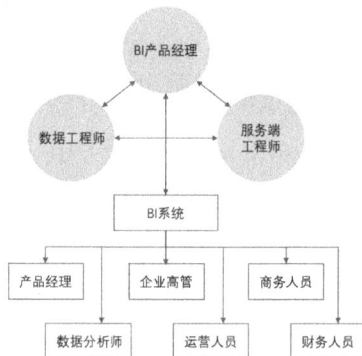

图 9-2

如图 9-2 所示，BI 系统的主要用户有数据分析师、运营人员、财务人员、产品经理、企业高管和商务人员。而在 BI 系统的背后，是 BI 产品经理、数据工程师和服务端工程师。BI 产品经理负责对接用户，进行需求采集和分析、产品设计和项目管理，数据工程师负责数仓和数据开发的相关工作，服务端工程师负责 BI 系统的开发、测试和运维。BI 系统的出现，使得原先有分析需求的人员从对研发人员的依赖转变为对 BI 系统的依赖。BI 系统使有分析需求的人员可以在没有技术背景的情况下自助进行业务分析。

9.2.4 BI 系统的特点

建设 BI 系统是企业进行信息化、智能化转型的必经之路。现有 BI 系统的特点如下。

1．集成化、云端化

BI 系统逐渐发展成为信息集成的门户，具有数据接入、处理、管理，以及可视化展示等功能，可促进数据治理、探索挖掘、数据运营流程的衔接，提供互通、集成、跨信息的服务。另外，出于系统部署成本和时效的考虑，BI 服务越来越向云端转移。

2．低使用门槛

BI 系统的用户已经从过往的具有技术背景的人员转变为更多不具有技术背景的分析人员。无代码操作、便捷的操作流程逐渐成为用户对 BI 系统的基本要求，如经过简单地设置维度、拖动指标，即可在 BI 系统上快速生成报表。同时，随着 5G 和移动互联网的发展，可以预见的是越来越多的人会借助移动端进行便捷的数据分析。

3．机器学习、AI 技术赋能

通过机器学习、AI 技术赋能，BI 系统让用户在大数据算法上有更低的使用门槛，提升了决策分析效率。例如，为了更深入地进行操作流程上的优化，BI 系统研发商在 BI 系统中加入了互动会话查询等功能。

9.3　BI 系统的关键技术

BI 系统的主要特性在于它的自助性，它让分析工作从过去的技术方主导转变为业务方主导，让业务方更多地参与报表的开发和使用及分析工作。但是报表开发毕竟需要一定的技术，因此要想让 BI 系统有更低的使用门槛，前期的技术工作就需要做得扎实。从数据的流转入手，从数据源到数仓，经过数据抽取、转换和加载及数据建模，形成多维的应用层数据报表，以及在此基础上的报表配置和可视化呈现，都是体现关键技术的地方。

1．数仓

为什么 BI 系统会涉及数仓？当用户面对某一主题的分析任务时，他可能面临着相关数据来自不同数据系统的问题，用户很可能不具备技术能力和系统权限去获取这些数据。而数仓存储着面向主题的、集成的、稳定的数据集合，这样的数据集合不是简单的数据表的拼接，而是将散落在不同数据源的维度统一成共有维度，将数据指标合成若干张事实逻辑表，它是按照一定的使用目的进行框架性的聚合整理的。数仓是对海量数据进行分析的基石，是 BI 系统的依托。

2．数据处理

1）数据抽取、转换和加载

数据处理包括抽取、转换和加载（Extract-Transform-Load，ETL）3 个部分。日常的业务数据在被接入数仓后完成 ETL 的操作，帮助数据分析决策者将凌乱、分散的数据整合到一起。在这个过程中，BI 系统剔除了不需要的业务数据并统一了数据格式，提升了数据分析的效率和质量。

2）联机分析处理

当某季度产品的销量出现异常时，数据分析师可能需要从地域、类别、用户年龄、用户购买频率等多个维度来综合分析此产品的销售情况。在以前处理这类需求时，一般是前端技术人员根据维度的不同组合，用 SQL 调取数据生成数据表，有多少个组合就要生成多少次数据表，烦琐程度不言而喻。联机分析处理（Online Analytical Processing，OLAP）改变了这样的数据浏览方式，将数据分离为维度（Dimension）和指标（Measure）。维度是指观察数据的角度，如销售时间、销售地点、产品等；指标则是具体考察的数量值，如销售数量和销售金额。

在实际的业务分析场景中，OLAP 一般首先需要考虑分析需求所应对的数据量级、响应时效，涉及大量级数据处理。例如，面对亿级的数据量，如果使用传统的 MySQL 数据库进行处理和分析，那么耗时一般为 15 分钟左右，甚至更长。为应对处理大数据量的挑战，目前比较普遍的解决方案是加并发和预计算。

如果一个任务在 MySQL 中处理需要 20 分钟，那么通过添加多个数据实例并行计算来减少处理时间，这是加并发（MPP 架构）的逻辑；如果一个数据处理任务需要等待 15 分钟才能得到结果，你无法接受，那么你可以尝试在预定的时间"跑数据"，将需要处理的数据提前进行处理，待再做查询时，速度就会有很大提升，这是预计算与批处理下的逻辑。

MPP（Massively Parallel Processor，大规模并行处理）架构的优点是响应效率高，缺失容量有限，容易占用资源，适合对清洗过的数据做交互式的查询；批处理架构的优点是稳定且扩展性好，但是反应速度慢，适合离线数据清洗。相关的产品有 Hive、Spark SQL、Presto、Kylin、Impala、Druid、ClickHouse、Greenplum 等。

3. 可视化展示

在数据经过 ETL 之后，就建立了数据模型，创建了维度和度量，具备了分析和深入挖掘的条件，我们接下来要做的是数据展示，将数据以合适的图表拼配做展示，即数据可视化。数据可视化帮助用户更快速地触达隐藏在数据背后的信息。

每个分析任务都有主题和对应的服务对象，因此配置的仪表盘在展示数据内容时，也需要围绕主题和服务对象进行有目的的信息展示和业务监控。信息展示的目的是提高数据分析师探索数据之间关系的效率，使数据分析师能够更快地发现业务发展机会。而业务监控在业务数值偏离正常阈值时发出警示并辅助问题定位，如每年淘宝在"双十一""双十二"等活动期间的数据大屏等。在让数据发挥更大的价值，让隐藏在数据背后的信息更容易地被人触达方面，合理地运用数据可视化方法和工具尤为重要。

专业的图表和仪表盘通常都有标准的模板和配色，如国内外各大主流媒体，面对不同的受众群体，对应的可视化应用风格不尽相同。因此，在可视化实践中，初学者需要注重积累和总结，逐渐形成适合自己的图表配对模板和配色风格。

9.4 BI系统实践

目前，市面上的 BI 系统琳琅满目，各家的宣传口号大同小异。围绕着数据接入、数据处理及数据可视化的需求，BI 系统的关注点主要集中在数据处理性能、数据接口适配、产品适配、可视化效果这些方面：数据处理性能即数据量、速度、稳定性；数据接口适配即系统可接入结构化、非结构化等多样数据；产品适配即系统可集成和二次开发；可视化效果即可生成的图表样式。

数据在 BI 系统中主要经历 3 个环节：选择数据源并建立数据模型、创建可视化数据报表，以及数据分析与可视化结果展示，这也是 BI 系统应该具有的核心功能。

（1）选择数据源并建立数据模型，即选择分析过程中需要什么数据，自主选择并分析处理某类指标数据。

（2）创建可视化数据报表，即载入指标数据制作可视化图表，基于 BI 系统的报表工具为此提供了多样化、自助式的可视化展示图表。

（3）数据分析与可视化结果展示，即通过可视化图表等多种形式将分析结果展示给用户。

从数据接入到数据可视化的过程如图 9-3 所示。

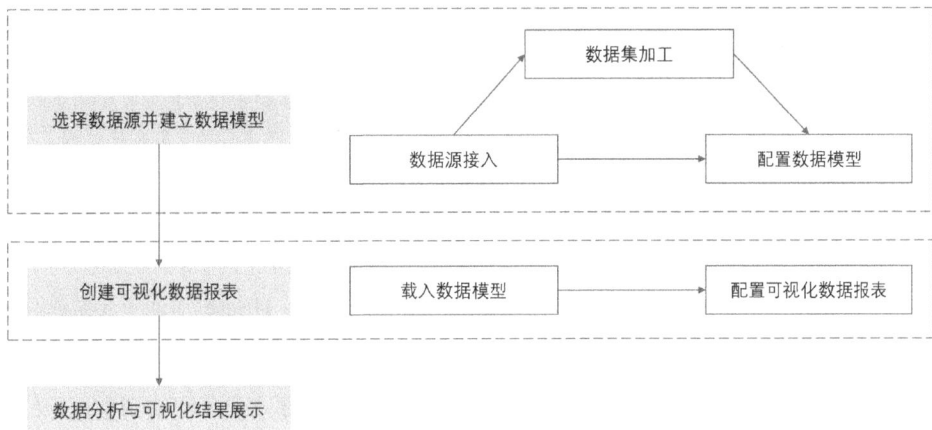

图 9-3

合格的 BI 系统要能帮助用户快速、有效地进行数据获取、加工和可视化分析，强调的是业务主导和智能自助。研发人员只需要做底层数据采集工作，其余工作由业务人员自助完成，这样可以提升数据应用效率，帮助业务人员完成数据运营和决策。

9.4.1 数据接入

BI 系统需要支持接入的数据包括企业内部数据和企业外部数据：企业内部数据一般来自内部业务系统，如销售系统、不同的应用程序、库存系统等，以及手工台账等文件；企业外部数据包括行业信息和竞争对手的相关数据。BI 系统的数据源选择如图 9-4 所示。

图 9-4

　　这些企业内部数据和企业外部数据的来源分为结构化数据源和半结构化数据源，如 MySQL、Hive、Oracle 等属于结构化数据源，Kafka、Redis、HBase 等属于半结构化数据源。面对这些源头间相互隔离的数据，BI 系统需要让用户能够轻松地将数据对接到 BI 系统，在这个过程中，用户不需要编写代码，仅需输入特定的参数即可实现数据库的连接。数据源接入参数配置如图 9-5 所示。

图 9-5

9.4.2 数据集加工

如果企业已经建设了数仓及指标字典，那么可以考虑将数仓和指标字典关联到报表制作中；如果企业还没有数仓，或者数仓还不是十分完善，那么在设计 BI 系统时就需要先考虑系统兼顾数仓的部分职能，增加数据集的操作。对接入的数据进行再加工，在整体可视化报表开发流程中起到承前启后的作用。数据集加工的主要流程如图 9-6 所示。

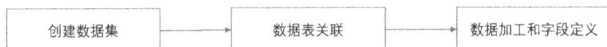

图 9-6

在通常情况下，如果数据经过数仓已经形成应用层数据表，用户就无须再进行数据集加工，BI 系统可直接接入应用层数据表，用户在做数据字段的定义以后，即可进入下一步的 OLAP 图表操作。但是，如果 BI 系统接入的数据源是偏业务系统层的数据表，那么用户通常需要进行数据的再加工。数据集加工操作界面如图 9-7 所示。

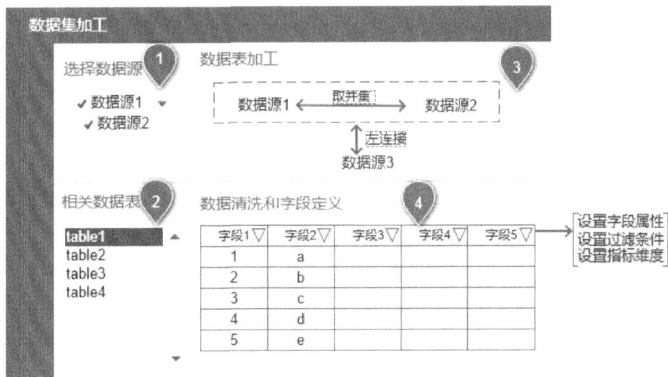

图 9-7

数据表的加工类似于 SQL 的关联操作，将多个相关表关联成一个表，包括左关联、内关联、全关联等。如图 9-7 所示，数据集加工经历了以下 4 步。

第一步，选择之前已经连接，且与主题分析相关的数据源，在选择数据源以后，即可看到数据源内连接到的数据表（图 9-7 中的 1 和 2 区域）。

第二步，如果与主题分析相关的数据来自多个数据表，就选择相关的数据进行关联操作，得到一个数据宽表（图 9-7 中的 3 区域）。

第三步，对得到的数据宽表进行数据清洗和字段定义（图 9-7 中的 4 区域），逻辑如图 9-8 所示。

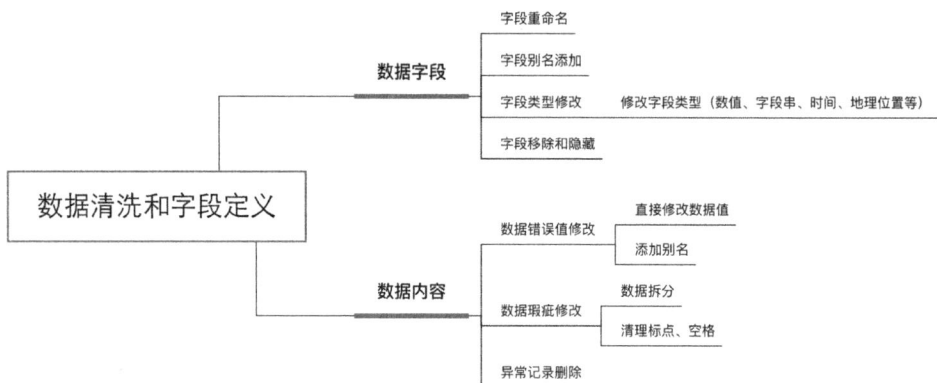

图 9-8

数据清洗和字段定义的目的是改正或排除错误数据、根据分析需求调整数据和数据属性，前者对应到数据内容的清洗，后者对应到数据属性的定义。

第四步，在完成数据清洗和字段定义后，即可确定数据表的指标和维度字段，完成数据建模。一个清晰的指标和维度梳理，有利于可视化分析报表和看板的配置。

数据加工是 BI 系统分析中非常重要的过程，也是耗费时间和精力比较多的一个过程，因此企业在发展到一定规模，或者有一定的数据量级以后，应该有一个更系统化的解决方案，即数仓。一个企业级的 BI 系统中缺少不了数仓，在分析报表的开发中，BI 系统应与现有数仓无缝集成（关于数仓的内容，如果有不清楚的地方，那么读者可以返回第 4 章进行阅读）。

9.4.3 数据集权限控制

在完成数据接入和数据集加工后，我们还需要考虑用户数据访问的控制问题。但是，不同企业的信息化建设层次不一，数据库的多样性、数据的规范性、用户群对于系统安全的需求，以及用户的操作体验，同样是 BI 系统设计需要考虑的问题。对 BI 系统的用户来说，比较理想的方式是在完成数据源接入和数据集生成后进入数据集权限控制流程，如图 9-9 所示。

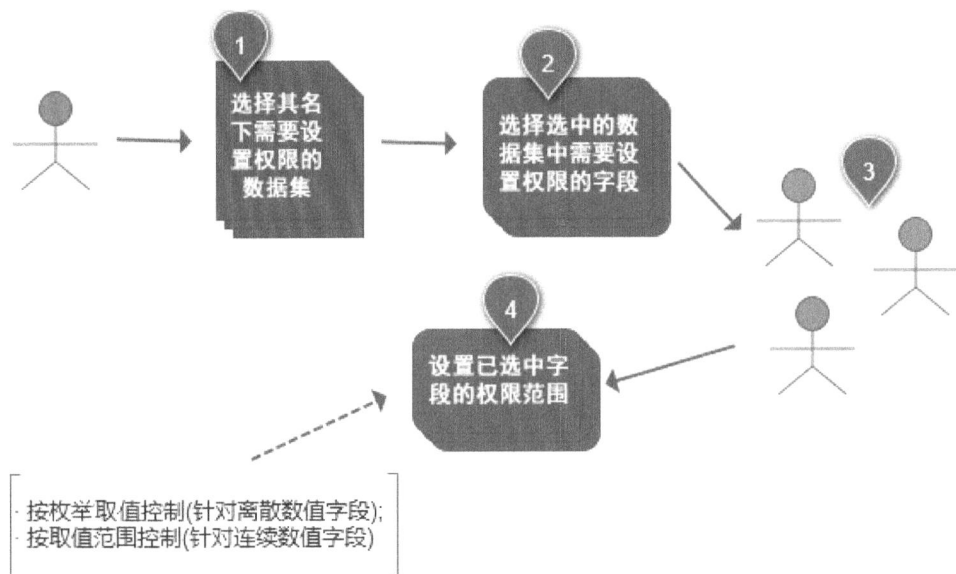

图 9-9

企业建设 BI 系统的目的是让更多业务人员参与可视化报表制作，让用户获得更多的数据控制权，所以报表的数据查阅权限应该由数据集创建人控制，他具有对其名下数据集对外权限设置的权利。基本流程如下。

第一步，用户 a 选择其名下需要设置权限的数据集（图中 9-9 中的节点 1）。

第二步，用户 a 选择选中的数据集中需要设置权限的字段（图 9-9 中的节点 2）。

第三步，用户 a 选择需要设置权限的用户 1、用户 2、用户 3（图 9-9 中的节点 3）。

第四步，用户 a 对用户 1、用户 2、用户 3 分别设置已选中字段的权限范围（图 9-9 中的节点 4）。

上述数据集权限控制流程对应的操作界面如图 9-10 所示。

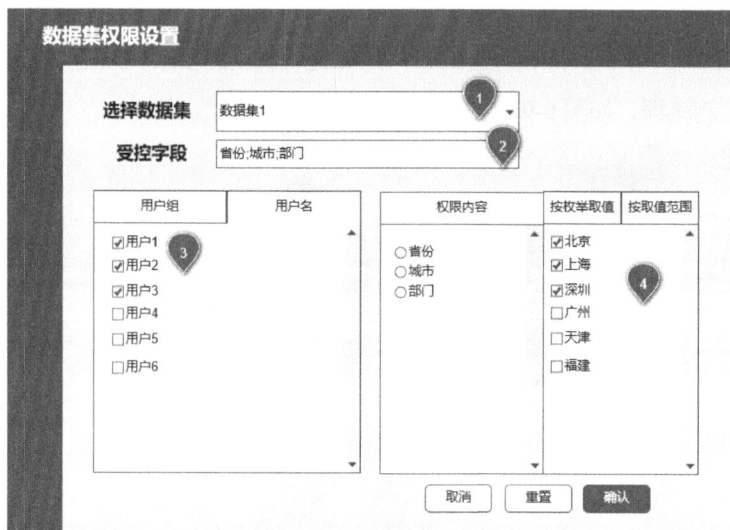

图 9-10

数据是企业重要的资产，BI 系统涉及企业敏感的商业数据，故企业对数据安全需求要高度重视。从用户名下数据集的维度层面和行级别进行权限控制，在顾及数据安全之余，实现了灵活配置，可以让用户有更好的操作体验。

9.4.4 可视化报表配置

对 BI 系统建设来说，最重要的功能就是数据可视化配置。功能设计最核心的问题有两个：第一，支持哪些图表；第二，哪些可视化元素是可以配置的。

第一个问题的答案来自我们对业务分析场景的理解，第二个问题其实是可视化配置到底要配置哪些内容。这需要将各个不同类别的图表元素进行抽象，它本质上是一个元素分类问题，好的分类能够保证功能有良好的扩展性。

1．设计支持的图表类型

数据可视化图表是多变的，各类 BI 系统支持的变形、创新的图表还在持续增加中。各类 BI 系统支持的图表类型截图如图 9-11 所示。

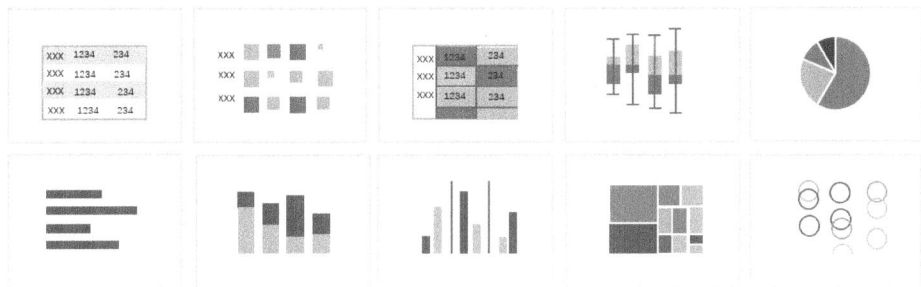

图 9-11

我们在做功能设计时不必求大而全，而应该根据每一种图表的数据使用场景来选择支持哪种图表。

以饼图为例，饼图可以展现每个组成部分占整体的比例，如图 9-12 所示。

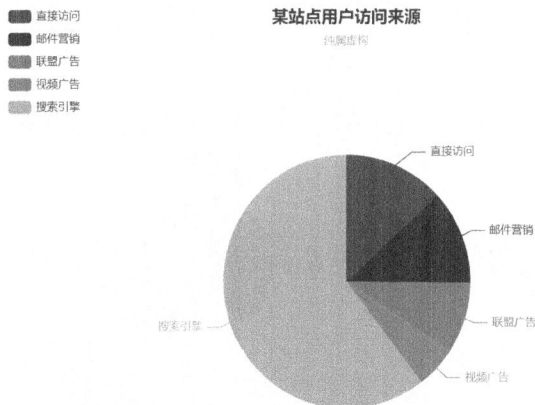

图 9-12

饼图的优点：既可以强调个体与整体的比较，又可以很好地帮助用户了解整体数据的比例分布。各品牌的市场份额、人群数量占比、不同渠道的销售额占比等，都适合使用饼图来展现。

　　饼图的缺点：如果各组成部分的比例差别不大，那么人眼很难通过饼图看到细微的差别。在这种情况下，条形图（见图 9-13）就是对饼图的补充，条形图可以通过图形的长度很好地体现细微的差别；我们也可以加入南丁格尔图（见图 9-14），南丁格尔图又称南丁格尔玫瑰图，其特点是能通过面积大小增强各组成部分的比例对比。

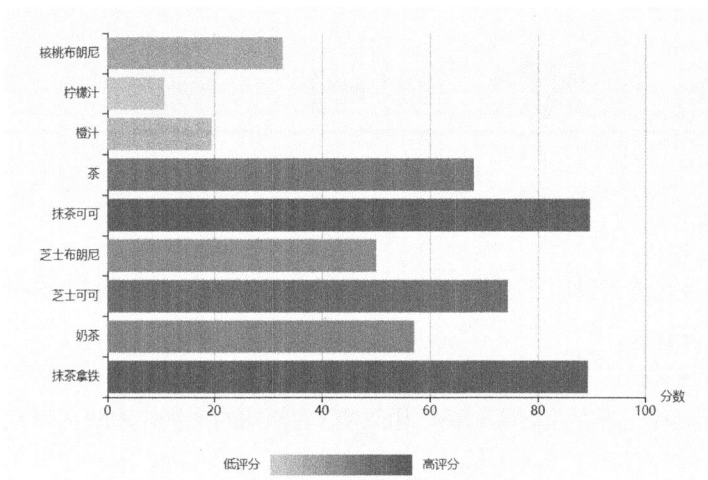

图 9-13

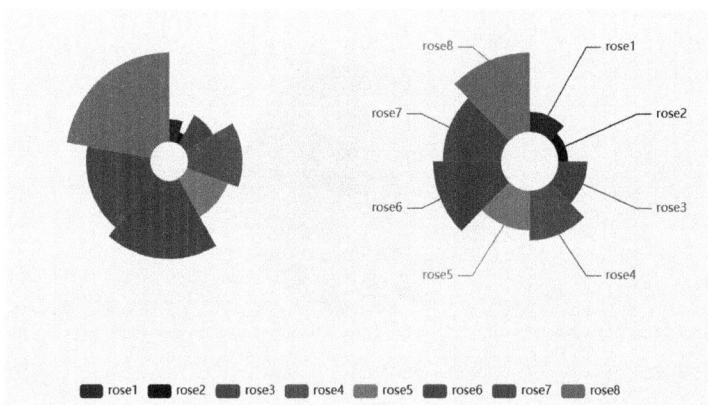

图 9-14

　　如果图表用于进行分析、展示，那么其内部一般还要做层级展示。例如，在观察 App 的新客渠道来源时，我们不仅要关注线上和线下渠道，还要关注线上渠道中不同平台的"引流"情况，那么一张饼图可能就不够用了，可视化图表中还需要加入对二饼图（包含饼图）的支持。

这就是一个典型的案例，我们决定引入哪类可视化图表元素，关键在于我们对数据使用场景（业务）的理解。

2．可视化元素的配置

一般可视化元素的配置分为以下两类。

1）与图表相关

字段：维度、度量指标、筛选条件、数据刷新周期、维度条目限制等。

图表样式：卡片大小、标题、卡片边框、图表设置、图例、数据标签、背景和透明度。

2）与整体报表相关

画布尺寸、字体颜色大小、背景图/背景颜色/边框等。

这里重点介绍与图表相关的可视化元素配置功能的产品的设计思路。报表的配置流程如图 9-15 所示。

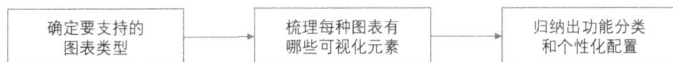

图 9-15

这种流程的好处是，既能满足普遍性要求，又能满足个性化要求，随着支持图表类型的不断增加，功能架构的扩展性可以得到保证。

最关键之处在于区分出不同图表的个性化配置项，不要遗漏关键配置元素（如何不遗漏？可以参考 Echarts Apache 的配置项）。

以饼图、南丁格尔图为例，根据图表特点整理出的个性化配置项包括该类图表用户可配置项、该类图表系统的默认配置项、系统通用的默认配置项。饼图和南丁格尔图的用户可配置项列表如表 9-1 所示。

表 9-1

用户可配置项		饼图	南丁格尔图
字段设置	维度	用户只能选取一个维度	
	度量指标	用户只能选取一个指标	
	筛选条件	可以进行多个维度、指标的筛选，维度筛选支持多选，指标筛选支持大于、小于、等于、或、且等组合	
	数据刷新周期	支持用户自定义，不能小于系统性能决定的最小刷新周期	
	维度条目限制	用户自定义维度梳理，避免维度过多导致饼图分得太细	
图表样式设置	卡片大小	设置长、宽、高，以及在画布上的位置	
	标题	显示标题/不显示标题，支持定义图表标题	
	卡片边框	是否有边框，边框线样式可设置	
	图表设置	饼图直径大小	可选择面积模式/半径模式
		饼图中心在画布上的位置点坐标	
	图例	图例是否显示	
		图例的位置，竖排/横排	
	数据标签	标签位置是在饼图的外部还是内部	
		数据格式可选百分比、数值&百分比	
	背景和透明度	设置卡片的背景和透明度	

说明：在南丁格尔图的面积模式中，所有扇区的圆心角都相同，仅通过半径展示数据大小；在南丁格尔图的半径模式中，扇区圆心角展示数据的百分比，半径展示数据的大小。

饼图和南丁格尔图的默认配置项列表如表 9-2 所示。

表 9-2

默认配置项	饼图	南丁格尔图
hover 效果	hover 在扇区上有放大动画的效果	
扇区排列顺序	饼图的扇区默认顺时针排布	

默认配置项	饼图	南丁格尔图
扇区最小角度	最小的扇区角度，用于防止某个值过小导致扇区太小而影响交互。小于这个角度的扇区，不显示数据标签	
数据标签显示	标签文字默认水平显示	
模式	饼图直径默认数值（px）	默认为半径模式，半径默认数值（px）
其他	在数据为 0 的情况下，不显示扇区	

BI 系统的默认配置项列表（所有图表都适用）如表 9-3 所示。

表 9-3

默认配置项	配置内容
hover 效果	高亮显示数据标签
数据标签显示	在标签拥挤和重叠的情况下会挪动各标签的位置，防止标签重叠

用户可配置项一般是与数据及其展示场景高度相关的配置。例如，数据标签位置是在饼图的外部还是内部，标签是默认显示还是不显示，既与数据分布相关，又与用户展示场景相关。

（1）一个注册用户性别分布的饼图，一般来讲不需要默认显示数据标签，因为在只有两个维度的情况下，只根据饼图图例的颜色就能看出男性用户和女性用户的比例。

（2）一个活跃用户天数的分布饼图，默认显示数据标签，从图中可以直观地查看不同天数用户的数值，不需要多次点击扇区/hover 扇区。

（3）在可视化报表的整体布局中，饼图属于比较小的图表卡片，兼顾展示效果和业务效果，数据标签可以只显示占比值。

图表的用户可配置项、默认配置项并不是一成不变的，随着 BI 系统的功能完善、业务复杂度增加，默认配置项可能会转变成用户可配置项。

例如，扇区排列顺序，在某些业务场景下，可能会要求排列顺序并非系统自动按照数值大小默认排序，而是按一定的业务规则排序（如按照固定的部门顺序排序、按固定的渠道来源顺序排序）。

9.4.5 可视化结果展示

用户在完成可视化报表配置之后，需要将配置好的报表进行展示。我们先来看主流 BI 系统的展示结构，如图 9-16 所示。

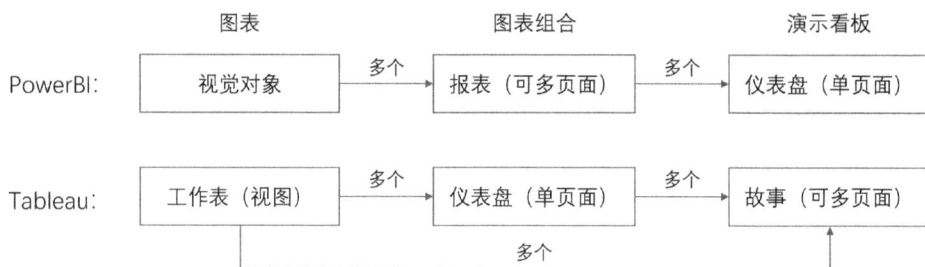

图 9-16

请注意 PowerBI 仪表板和 Tableau 仪表板的区别。尽管层级之间的组合方式、联动修改策略有所不同，但它们具有以下共同点。

第一，多个图表组成图表组合，多个图表组合组成演示看板。图表组合、演示看板均可发布。

第二，在最小的层级上，它们均支持数据分析探索。

这样的分层体系的好处在于，既能保证对数据集可视化操作（数据分析师、BI工程师使用），又能将可视化操作结果组合成更大的模块（业务人员使用）。

要划分 BI 系统展示的层级，就需要理解业务的数据故事逻辑。业务的数据故事逻辑如何将数据和图表组成业务语言，决定了我们能支持业务场景的粒度。

一般来说，我们考虑如下几个方面。

（1）积木式组合，多页签：便于区分展示主题，组成更大的报表。

（2）适配多种终端：自适应移动端、PC 端。

（3）嵌入式分析：支持 URL（Uniform Resource Locator，统一资源定位器）嵌入到其他系统内，让数据报表有更多的使用场景。

9.4.6 数据分析 OLAP

我们先来看 OLAP 常见的操作——钻取（下钻、上卷）、切片、切块、旋转，如图 9-17 所示。

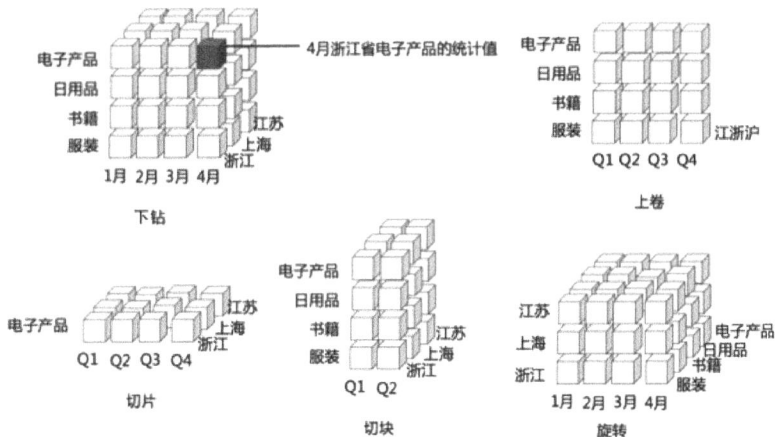

图 9-17

1．OLAP 操作对业务分析的意义

1）钻取

钻取包括下钻和上卷，钻取的深度与维度所划分的层次相对应。我们可以理解成下钻是维度的拆分，如江浙沪是一个地区维度，下钻就是将地区拆分到省份（市）维度，上卷是维度的合并，如月份是时间维度，上卷就是将月份维度聚合为季度维度。

2）切片、切块

在多维数据结构中，按二维进行切片，按三维进行切块，可得到所需的数据。例如，在"商品品类、月份、省份（市）"三维立方体中进行切块和切片，可得到各省份（市）各商品品类各月份的统计情况。每次沿其中的一个维度进行分割称为分片，每次沿多个维度进行的分片称为分块。

3）旋转

旋转是变换维度的方向，即在表格中重新安排维度的位置，通过旋转可以得到不同视角的数据。例如，在图 9-18 中，通过旋转，可以发现观察数据的主要视角发生了变化[从以商品品类为主变成以省份（市）为主]。

	江苏	上海	浙江
电子产品			
日用品			
书籍			
服装			

	电子产品	日用品	书籍	服装
江苏				
上海				
浙江				

图 9-18

2. OLAP 操作在 BI 系统中对应的功能点

1）钻取

将已分层、可钻取的维度拖动到画布区，当单击画布区中图表的某个区域或字段时，维度的层次会发生变化，从而变换分析的粒度。注意：当进行下钻、上卷的功能设计时，一定要将对应维度体现在画布区，以方便用户交互（下钻的交互一般是双击，上卷则是需要点击对应的维度进行操作）。例如，OLAP 操作（下钻、上卷）的原型图如图 9-19 所示。在图 9-19 中，以 "time_year" 维度进行分层钻取，在画布区自动把维度的层次进行了展示。

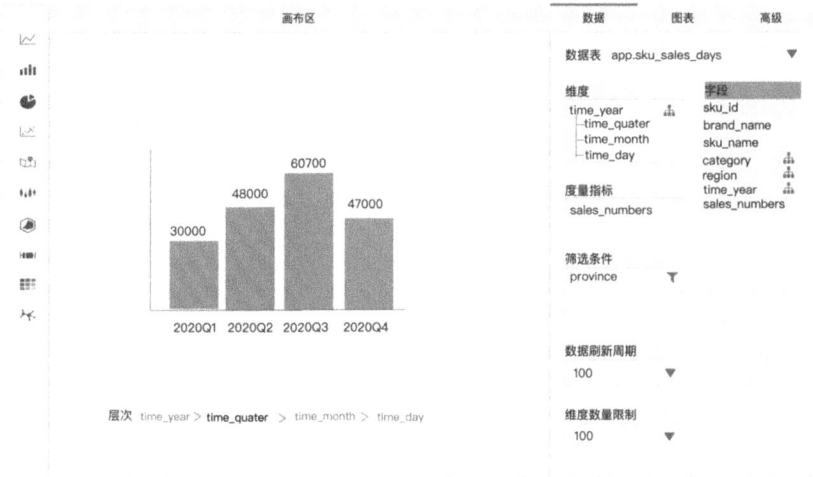

图 9-19

2）切片、切块

切片、切块在 BI 系统中对应的功能点主要是维度的筛选，将数据指标拖动到"维度"一栏，进行筛选。例如，OLAP 操作（切片、切块）的原型图如图 9-20 所示。在图 9-20 中将"province"维度拖动到"筛选条件"中，在筛选器中选择其中两个省份（市）。

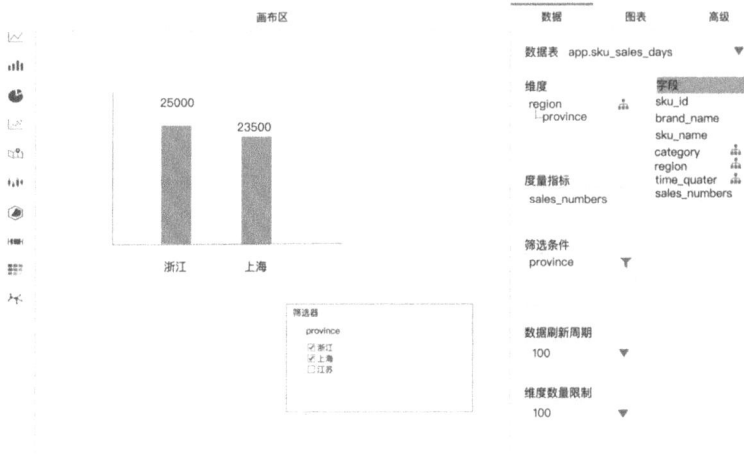

图 9-20

3）旋转

通过改变维度在画布区不同的轴/列&行，改变画布区坐标轴上维度的位置。例如，OLAP 操作（旋转）的原型图如图 9-21 所示。图 9-21 中的维度有两个——时间和商品品类，图形是柱状堆积图。

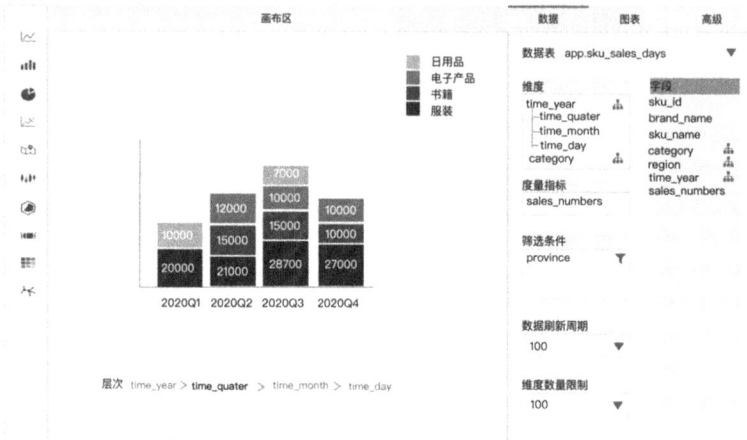

图 9-21

将维度进行旋转，操作方式是改变维度字段的排列顺序，此时画布区如图 9-22 所示。

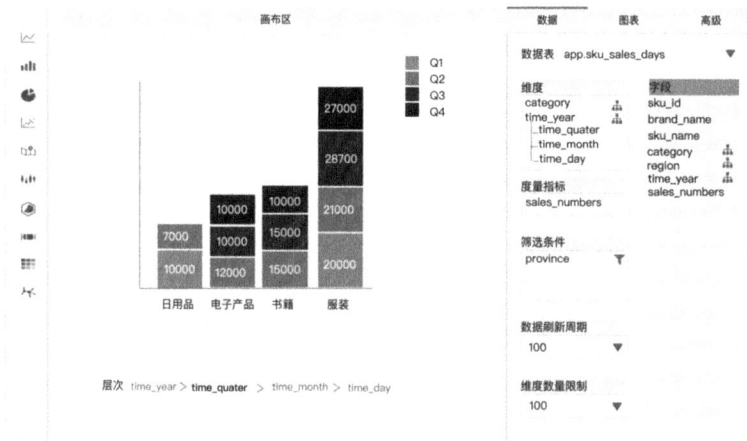

图 9-22

3. BI 报表功能与 OLAP 功能的区别

BI 报表功能与 OLAP 功能的区别主要体现在以下几个方面。

1）展示 vs 分析

二者的目的不同，这是二者最大的区别，OLAP 是面向分析的，BI 报表是面向数据展示的。一般来讲，先有 BI 报表功能，再有 OLAP 功能，这是与业务发展的规律相匹配的。在业务初期，我们主要看数据，了解业务的各个指标，随着业务复杂性增加，我们要使用数据对业务问题进行分析（找原因、找解决办法），与业务同步发展的还有数据量的增加。

以数据分析为例，以前的数据量小，用 Excel 就可以进行数据分析，现在数据量已经大到 Excel 无法承接，我们需要使用分析工具来进行数据分析。我们在产品规划上要注意业务对数据工具的使用需求是否已经从观察数据（看）进入分析（用）。

2）可视化元素 vs 分析操作

BI 报表以可视化展示为主，在功能设计上要考虑较多的配色、字体、图表可视化元素，在性能上侧重于在进行展示时数据的可得性（数据是否能被查出）、更新频率（实时性）。

OLAP 功能以分析为主，所以在功能上并不侧重于可视化元素及其布局，而是侧重于 OLAP 的操作方便性、OLAP 的各类钻取、切片后查出数据的速度（性能）。

3）指标计算 vs 函数计算

BI 报表在计算上侧重于对多个指标度量的计算，如环比的计算、同比的计算、平均值的计算、比例的计算、数据类型的转换等。

OLAP 在计算功能上侧重于使用算法类或者统计类的预置函数，如添加趋势线、计算方差、聚类等，这些预置函数的功能可以通过与其他数据分析软件进行集成来实现，如与 R 集成、与 Python 集成。

9.4.7 如何衡量BI系统是否成功

要衡量 BI 系统是否成功，我们需要从建设 BI 系统是为了解决企业的什么问题出发去考虑。事实上，不同的问题决定了 BI 系统建设不同的侧重点。

要衡量 BI 系统是否成功，我们可以结合企业目前面临的问题去思考，一般来说可以从以下 3 个方面去衡量。

1. 报表覆盖情况

报表覆盖情况即能够覆盖多少数据报表需求。报表覆盖率的一般计算公式：报表覆盖率=BI 系统创建的报表数量/企业全部的数据报表数量×100%。但实际上，全部的数据报表数量是很难被统计出的，所以我们一般直接看产生了多少报表/报表应用。

这背后有两层含义。

第一，覆盖的报表多，说明功能很好地满足了需求，产品完成度高。

第二，将原来定制化报表的开发工作量改为配置 BI 的工作量，大大缩短了开发工时，提高了效率。

2. 报表嵌入情况

除了用户直接在 BI 系统中访问报表，报表嵌入其他系统中（被其他系统引用）的情况也很重要，报表嵌入其他系统中越多，说明通过 BI 系统平台化越能减少数据报表烟囱（基于数仓去统一数据），提高企业存储资源和计算资源的利用率（可以想象一下，每个业务系统都自己独立开发报表，都要占用存储和计算资源，会产生多份数据，需要进行多次计算）。

3. 用户访问量

用户访问量包括开发者访问量和使用者访问量，它属于日常监控指标。对 BI 系统来说，只有使用的人越多，BI 系统才会发展得越好，系统功能越完善，用户的使用能力也将越强。简而言之，使用 BI 系统的人越多越好。

第 **10** 章

用户画像

10.1 用户画像的全貌

小诺:"数据中心要建设用户画像体系,我之前没做过,现在感觉就像丈二和尚摸不着头脑。用户画像体系是怎样的?用户画像体系有哪些模块?在建设用户画像体系的过程中先做哪些,后做哪些?需要哪些人来参与?协作流程是怎样的?有没有一些模板可以套用?"

老汤姆看着面带愁容的小诺，说道："你现在遇到的这些问题确实很多人都遇到过，用户画像这个词很火，但是市面上能够有能力做用户画像的企业还很少，相关专业的人才也较少，因此缺乏专业的知识体系。不过没关系，从我做用户画像的经验来看，用户画像体系的建设是有章可循的，且听我细细道来。"

10.1.1　初识用户画像

从 PC 互联网到移动互联网，一批搭乘"流量红利"快车的互联网产品曾极速崛起。而如今，流量红利消失，增量乏力，存量市场的竞争更加激烈，以"千人千面"的方式进行精细化运营，精准转化用户，降低企业运营成本乃是大势所趋。

兵法云："知己知彼，百战不殆。"在整个精细化运营过程中，用户画像体系的建设起到不可或缺的作用。

用户画像的发展历程如图 10-1 所示，主要分为 3 个阶段。

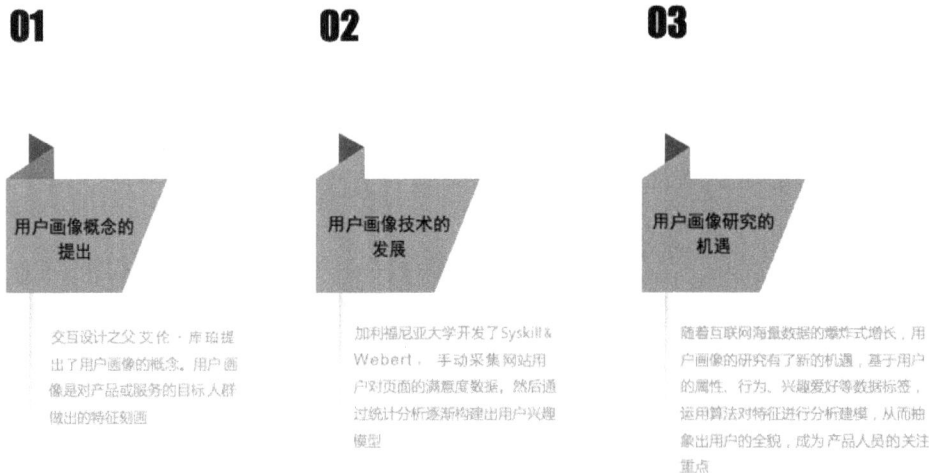

01　　　　**02**　　　　**03**

用户画像概念的提出	用户画像技术的发展	用户画像研究的机遇
交互设计之父艾伦·库珀提出了用户画像的概念。用户画像是对产品或服务的目标人群做出的特征刻画	加利福尼亚大学开发了 Syskill & Webert，手动采集网站用户对页面的满意度数据，然后通过统计分析逐渐构建出用户兴趣模型	随着互联网海量数据的爆炸式增长，用户画像的研究有了新的机遇，基于用户的属性、行为、兴趣爱好等数据标签，运用算法对特征进行分析建模，从而抽象出用户的全貌，成为产品人员的关注重点

图 10-1

在用户数据的来源渠道比较少，数据量也相对较小的时期，用户画像的研究主要基于统计分析层面，通过用户调研来构建用户画像标签。

后来，加利福尼亚大学开发了 Syskill&Webert，手动采集网站用户对页面的满意度数据，然后通过统计分析逐渐构建出用户兴趣模型。

随着互联网及信息采集技术的发展，卡耐基梅隆大学开发了 Web Watcher，可以通过数据采集器，记录互联网上用户产生的各种浏览行为及兴趣爱好，实现对用户兴趣模型的构建，并随着数据的不断累积，扩大和更新系统模型，用户画像标签也更加丰富。

近年来，随着互联网海量数据的爆炸式增长，用户画像的研究有了新的机遇，基于用户的属性、行为、兴趣爱好等数据标签，运用算法对特征进行分析建模，从而抽象出用户的全貌，成为产品人员的关注重点。

10.1.2 基本概念

1. 用户画像

用户画像是指从用户的基础信息、用户行为、业务信息等海量数据中，抽象出一个个标签，通过给用户贴上若干标签来还原用户全貌的过程。

例如，对路飞而言，其用户画像可简单描述为 18～25 岁，"中二少年"喜欢吃肉，喜欢炫酷机器人，属于冲动性消费人群。若某电商网站提前得知了路飞的信息，就可以根据其偏好特征，向其推送肉类及高科技产品，促使路飞在该电商网站上完成购买。

在这个过程中，用于描绘用户画像的关键性因素就是标签，通过往一个用户身上贴上不同标签的方式，来描绘用户画像。那么，用户标签又是什么呢？

2．用户标签

用户标签是通过对用户的基础信息、用户行为、业务信息等数据，进行数据建模所产生的用户特征。其标签值具有高度概括、相互独立及可枚举、可穷尽的特点。例如，性别可枚举为男、女、未知。

3．用户分群

用户分群是指由批量用户组成的用户群体，可通过筛选标签组合来获取。例如，可通过筛选"25～30 岁、女性、母婴类商品意向"等标签组合，来获取母婴类人群。

10.1.3　用户画像体系建设

建设用户画像体系，最主要的是把握一个中心和一条主线，如图 10-2 所示。

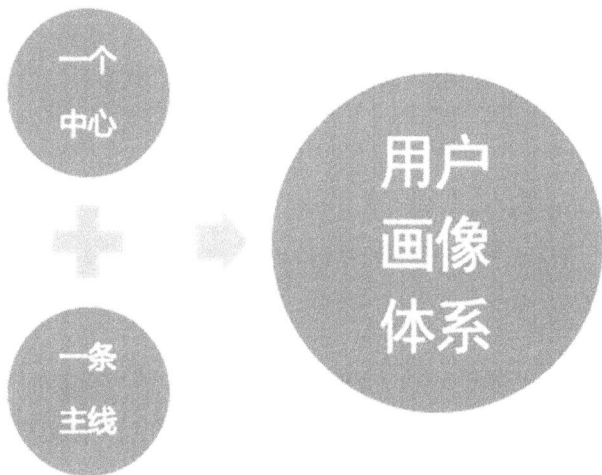

图 10-2

1．一个中心

一个中心即以经济建设为中心。这是国家持续发展的要义、企业存活的基础，自然也是用户画像部门存在的立身之本。建设用户画像体系本质上是为了服务商业

146

活动，需要秉持"降成本、提效率、创收益"的基本准则。

2．一条主线

一条主线即产品研发的基本流程主线，如图 10-3 所示。建设用户画像体系在实施层面，本质上是一个产品化的过程，因此用户画像体系的建设符合产品研发的基本规律。用户画像体系建设可以分为需求阶段、产品规划阶段、产品设计阶段、开发测试阶段和运营阶段这 5 个阶段。

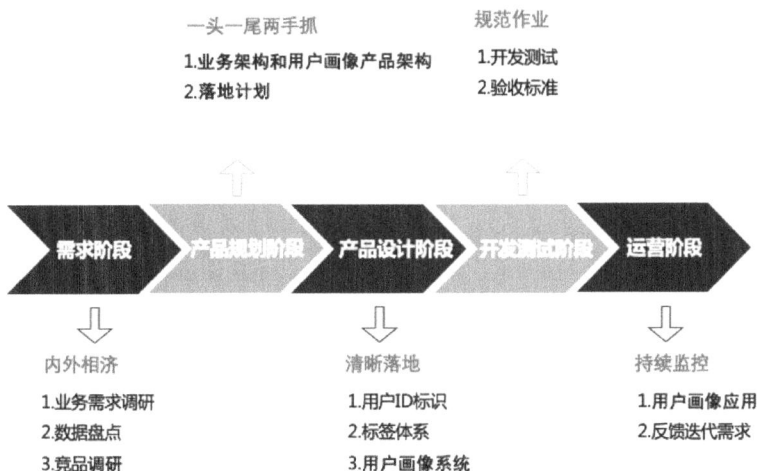

图 10-3　一条主线

（1）需求阶段：注重内外相济，把握 3 个要点。

一是业务需求调研。调研业务需求，明确业务需求是什么，为什么要建设用户画像体系，打算如何使用用户画像体系。此步骤十分重要，需要紧紧围绕着一个中心来开展。在调研业务需求时，我们可以分析业务过程、各个部门的核心关注点、部门的关键绩效指标、组织结构、用户行为路径、功能流程图。

二是数据盘点。盘点底层数据，明确与用户相关的数据的来源渠道有哪些，数据落在哪些表里，有哪些数据分类。

三是竞品调研。放眼外界，调研市场上优秀的用户画像产品是如何搭建的，用户画像产品有哪几个常用的模块，每个模块的建设过程是怎样的。

在调研清楚业务需求后，我们对整个用户画像体系就有了基础的认识。之后，我们需结合企业的实际情况进行分析，因地制宜地制订下一步的产品规划。

（2）产品规划阶段："一头一尾"两手抓，把握整体架构，制订落地计划。

"一头"抓整体规划，包括业务架构和用户画像产品架构。先自上而下，从业务场景应用层面出发，进行整体架构的搭建；再自下而上，盘点清楚数据现状，构建产品标签结构，以满足核心业务场景的需要。

"一尾"抓落地计划，包括产品阶段性计划、项目执行计划及人员配合流程等，保障用户画像体系规划被落实。

（3）产品设计阶段：清晰落地，把握流程规范，注重功能设计。

一是统一用户 ID 标识。企业有多种业务场景，数据来源渠道很多，如何将众多数据源串联起来是建设用户画像体系面临的第一个问题。要解决这个问题，就要打破"数据孤岛"，将不同业务线、不同类型的 ID 进行映射，识别出唯一身份标识。

二是建设标签体系。标签按用途分类，可分为基础信息标签、用户行为标签、业务偏好标签、场景标签；按统计方式分类，可分为事实类标签、规则类标签、预测类标签；按时效分类，可分为静态标签、动态标签。

三是建设用户画像系统。作为支撑系统，用户画像系统的主要目标用户是市场人员、运营人员、产品人员、数据分析师等，目的是满足用户分析、标签查询、人群洞察、营销活动对接的需求。因此，用户画像系统的设计需要考虑功能上的用户分析需求，还要考虑非功能上的接口开发需求。

（4）开发测试阶段：需要规范作业，开发人员要进行自测，测试人员要制作测试用例并进行测试，对产品以一定的标准进行线上验收。

（5）运营阶段：将用户画像服务推广应用至不同业务方，并持续监测运营效果，收集业务方的需求，进行迭代。

10.1.4 人员配合流程

建设用户画像体系的产研人员主要包括运营/业务产品经理、数据产品经理、数据分析师、数仓工程师、算法工程师、前端工程师、后端工程师、数据测试人员、功能测试人员。人员配合流程如图 10-4 所示。

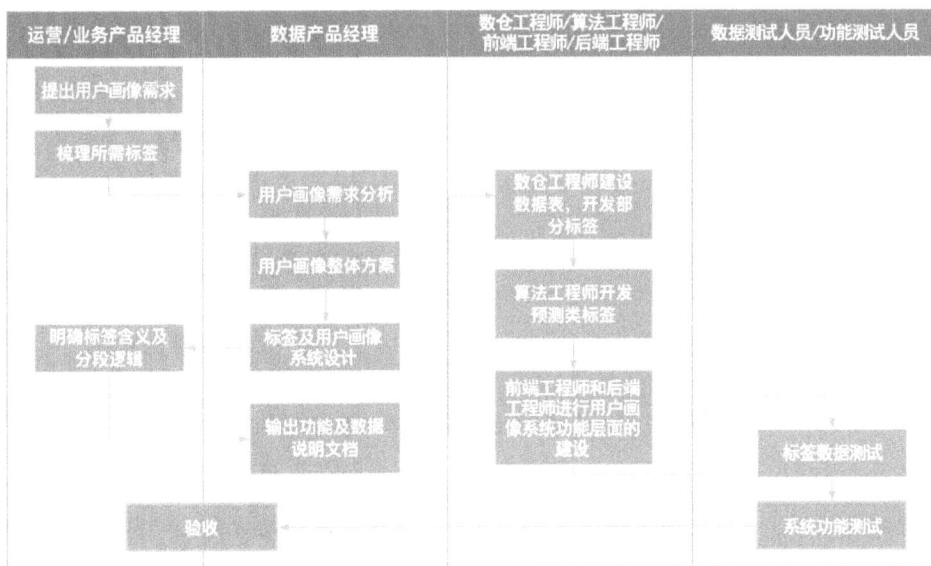

图 10-4 人员配合流程

运营/业务产品经理：用户画像需求的提出方，在提出需求时，一方面需要说清楚目标用户、场景及价值；另一方面需要梳理所需标签，定义明确的数据需求，包括所需的标签名、标签含义及分段逻辑。

数据产品经理：分析业务方所提的用户画像需求，结合用户画像体系的整体考虑，输出用户画像整体方案，并进行标签及用户画像系统的设计，输出功能及数据需求说明文档。值得注意的是，在进行标签设计时，数据产品经理需要与运营/业务产品经理共同确定标签含义及分段逻辑，在验收时也需要与业务方协同验收。

数仓工程师/算法工程师/前端工程师/后端工程师：数仓工程师主要负责建设数据表，开发部分标签；算法工程师主要负责开发预测类标签；前端工程师和后端工程师主要负责进行用户画像系统功能层面的建设。

数据测试人员/功能测试人员：主要负责标签数据测试和系统功能测试。

10.2 用户画像的需求

小诺："昨天开会，老板希望我能快速推进标签及用户画像体系建设，能先根据自身的理解整理一版标签体系，再跟业务方沟通具体的运营需求场景。但是我在梳理整个标签体系时，总觉得难以整理出一个合理的标签体系框架，也想不出业务契合点及应用场景，就感觉有许多标签，但不成体系。并且从产品的角度看，我觉得需要先分析企业的业务运营目标、运营场景和运营策略，再进行标签体系的建设。但由于之前没做过，我现在也不能确定自己的想法对不对，你怎么看这件事？"

老汤姆："用户画像体系的建设不能凭空杜撰，需要以经济建设为中心，根据实际的业务需求，考量用户画像体系能为业务带来的价值。你的想法是对的，按照你的想法做就好。至于老板，他也是为整体用户画像体系建设的进度考虑，你先花些时间把需求调研清楚，做好整个用户画像体系的规划，给老板一个整体的计划，想必他不会为难你。"

小诺听完后，悬着的心总算放了下来，于是开始梳理具体的调研工作，并且在完成整体调研后进行了总结，在此分享出来。

在需求梳理过程中，要注重内外相济。内外相济的要点在于，既需要立足于当下，立足于企业内部的需求和数据现状，又需要打开视野，放眼外界，学习市面上已有的用户画像体系建设经验。

需求结构图如图 10-5 所示。

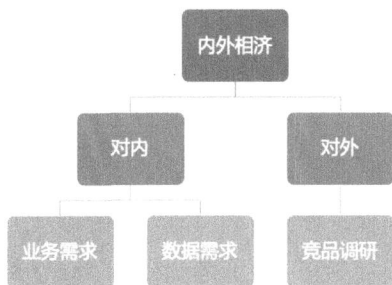

图 10-5

10.2.1 对内需求盘点

数据产品经理不仅要站在数据视角提供专业的方案，还需要站在业务视角和全局视角来看：业务方在什么场景下，遇到了什么问题，期待怎样的解决方案；而在整个解决方案中，数据部门需要提供怎样的支持。

因此，业务部门与数据中台之间往往是联动协调的关系，实现数据需求的最佳方式是能够有业务方的配合。这样对数据产品经理在前期把握业务需求、设计标签库表字段、确定各要素的权重都有很大帮助。

但比较尴尬的场景是，数据中台是一个相对比较中立的部门，对接的业务方众多。要想建设较为完善的标签体系，就需要对各个业务部门进行调研，进而从多个需求之中抽象出交叉的模块，进行 MVP 版本的标签体系建设。此任务的难度是不言而喻的，那么有没有更好的方法来达到目标呢？

小诺经过一番思索，准备先确定调研内容，盘点业务和数据现状，继而选择关键业务方，进行深入调研，给各个业务方提供需求模板，待最后需求采集完毕，回收调研结果。调研流程如图 10-6 所示。

图 10-6

1．确定调研内容

数据产品经理要采集需求，就需要明白自己要做什么，从而引导业务方说出自己想了解的内容。万万不可在对某一块业务丝毫不了解的情况下盲目询问，这样一则调研的内容没有营养和深度；二则可能遭受业务方的质疑，导致场面十分尴尬。

在需求层面，需求=期待-现状，如图 10-7 所示。

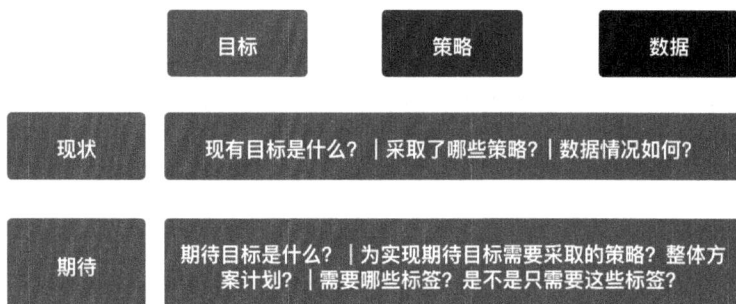

图 10-7

在实现层面，调研内容包括标签定义是否符合标准规范；标签的业务含义是什么；对应地获取哪些数、哪些表；数据分布的趋势如何；有哪些数据状态。

在运营监测层面，调研内容包括如何衡量数据效果；A/B 测试方案是什么；在产品上线后，使用产品的人是谁、有多少人使用、使用频率如何。

2．盘点业务和数据现状

我们要采取业务和数据两手抓的方式。正所谓"知己知彼，百战不殆。"要想让业务方更好地配合，我们需要事先了解业务方要什么、我们有哪些数据。

在业务层面，小诺通过对用户行为路径的分析，梳理出线上、线下渠道的用户转化路径，找到了用户在核心路径上的关键节点。小诺通过对用户的生命周期进行划分，对处于新人期、成长期、成熟期、衰退期和流失期用户进行分层，制定了初步的运营策略，并运用 AARRR 模型，梳理在拉新、促活、留存、裂变等阶段可能的策略和所需的标签。

AARRR 模型是由戴夫·麦克卢尔于 2007 年提出的，其核心是 AARRR 漏斗模型，对应的是产品的生命周期。AARRR 模型如图 10-8 所示。

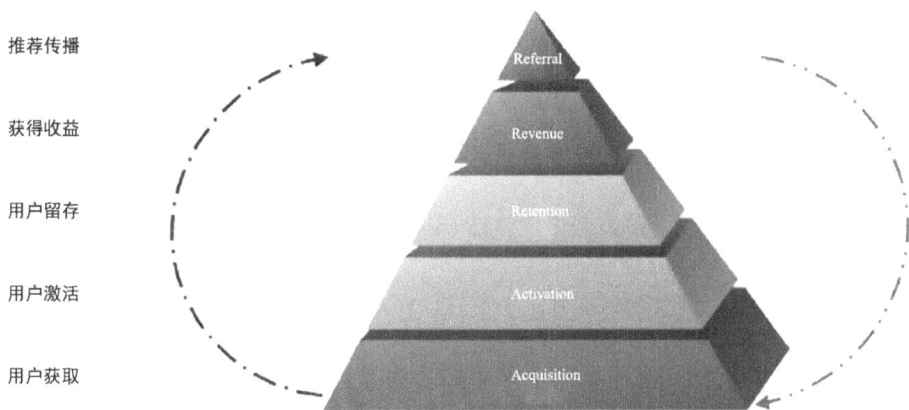

图 10-8

Acquisition（用户获取）：新增了多少用户？从哪些渠道来的？运营人员通过各种推广渠道和使用各种方式宣传产品，吸引目标群体成为产品的用户。在这个过程中，通过对不同推广渠道的效果进行评估，可以更加合理地制定投放策略，最小化用户获取成本。

Activation（用户激活）：用户在产品上完成了什么操作？操作频率如何？通过新手奖励、产品引导等方式，引导用户进行产品功能体验，让用户去发现、认可产品的价值，有助于用户持续性使用产品。

Retention（用户留存）：用户是否连续不断地使用你的产品？有的用户来得快，走得也快，这就说明产品的用户黏性小，或者这些用户的商业价值不高等。通常，留存一个老用户的成本远远低于获取一个新用户的成本。因此，在产品的生命周期中，我们不仅要知道如何开拓新用户，还需要关注用户的留存率及用户流失的原因。

Revenue（获得收益）：用户为产品带来了多少收益？商业的本质是盈利，获得收益是产品和企业发展的基石。收益的来源有很多种，如服务费、广告收入、流量变现等。考核指标主要包括客单价、付费率等。

Referral（推荐传播）：用户是否愿意推荐你的产品？推荐传播是指用户自发对产品进行推荐。推荐传播比较重要的指标是推荐系数 K，其计算公式为

K=每个用户向朋友发出的邀请数量×接收到邀请的人转化为新用户的转化率

假设平均每个用户向 10 个朋友发出邀请，接收到邀请的人转化为新用户的转化率为 20%，则 K=10×20%=2。

（1）当 $K>1$ 时，用户群就会像滚雪球一样增大。

（2）当 K=1 时，用户群会稳步增长。

（3）当 $K<1$ 时，用户群在达到某个规模时，推荐传播增长就会停止。

在数据层面，小诺先与数据质量进行了"斗争"。企业的商家端采用的是线上和线下业务结合的形式，有一半的用户数据为线下数据，需要内部人员手动录入，且数据分散在各条业务线上。

而数据中台处于建设前期，虽然建立了元数据平台，但数据并未被完全接入，数据分散，数据质量低。由于数据分散在业务方的数据库中，盘点起来难度非常大，因此小诺采取了"迂回"战术，并借助业务方的资源，在梳理好标签需求后，让业务方作为中间人协调所需库表。

3. 选择关键业务方

先明确用户画像服务于企业的对象，如精准营销人员、产品经理、搜索推荐人

员、用户运营人员、客服人员等，如图 10-9 所示；再根据业务方的需求，明确未来产品建设的目标和用户画像分析的预期效果。

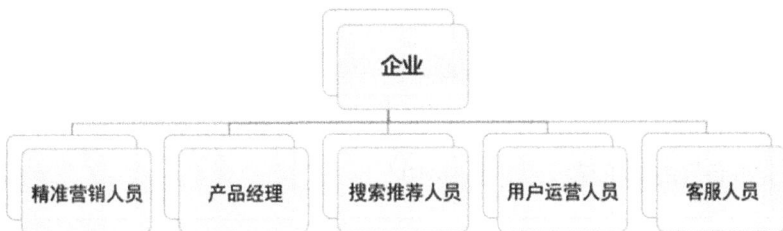

图 10-9

对企业整体而言，其目标是提升其整体收益。在应用用户画像的过程中，企业会驱动精准营销人员、产品经理、搜索推荐人员、用户运营人员、客服人员等协同工作，因此企业会更加关注如何进行精细化运营，以提升营收。

对精准营销人员而言，其目标是精准触达用户，提升广告转化率，降低获客成本。因此，在应用用户画像的过程中，精准营销人员会更关心用户购买群体特征。

对产品经理和搜索推荐人员而言，其目标是提升产品好评率，优化用户体验。因此，在应用用户画像的过程中，产品经理和搜索推荐人员主要关注用户基本特征的分布情况、用户行为特征。

对用户运营人员而言，其目标是促活及提升转化率。因此，在应用用户画像的过程中，用户运营人员会采用内容的个性化推送策略、用户精准触达策略，会更加关注用户个人行为偏好。

对客服人员而言，其目标是提升好评率，降低投诉率。因此，在应用用户画像的过程中，客服人员会更关注用户的基础特征、行为特征等。

4. 进行深入调研，提供需求模板

至此，"万事俱备，只欠东风"。此时，我们只需要准备好一个良好的心态，灵

活应对即可。与业务方沟通的过程中，我们既要基于业务需求，又要高于业务需求。由于企业的工作职责划分得很细，业务方的关注点、关注面会比较窄，因此我们需要以全局的角度来看待需求。

某个具体的业务方往往是整体框架中的一环，我们在访谈过程中需要引导业务方绘制关键业务流，讨论清楚具体的销售运营策略、数据监测效果；引导业务方填写我们事先准备好的需求模板（见图 10-10）。

需求模板

需求部门：××部　　　　　提出人：××　　　　　提出时间：××年××月××日

目标	关键结果	关键举措	所需标签	业务含义	使用频率
转化率从××提升到××	拉新：用户数从××增加到××，新增××人				
	促活：活跃数从××增加到××				
	留存：留存率从××提升到××				
	裂变：老带新从××增加到××				

图 10-10

我们对业务方提出的问题，需要符合 SMART 法则，即 Specific（具体的）、Measurable（可衡量）、Attainable（可实现）、Relevant（相关的）、Time-bound（有时限）。

5．回收调研结果

最后，回收调研结果，将其汇总至需求池，并标注需求优先级。

10.2.2　对外竞品调研

在梳理企业内部需求的同时，产品经理可以对业界优秀的用户画像产品进行调研，学习先进的案例。这样一来，产品经理既能从更宏观、更全局的角度来看待整个体系，又能更好地了解产品设计的细节。

因此，小诺花了 1～2 周的时间分析阿里巴巴、腾讯、网易等互联网"大厂"的标签体系和用户画像体系的建设情况。

在调研过程中,小诺发现,标签体系建设的一个重要环节在于用户 ID 体系的打通。例如,网易的产品线有网易云音乐、网易邮箱、网易新闻、网易严选等,在不同应用上有不同的 ID。要想标识唯一 ID,网易采用的思路及方案如下:结合各种账号、各种设备型号之间的关系对,以及设备使用规律等用户数据,采用规律梳理、数据挖掘算法(连通图划分+社区发现)的方法,判断账号是否属于同一个用户。

另外,通过分析阿里巴巴、腾讯、网易等互联网"大厂"建立的标签体系,小诺发现其分类多为基础标签、行为标签、偏好标签、场景标签,如此分类结合了人的基础属性和业务属性,贴合不同业务场景下的需求,可拓展性强。

基础标签通常包括自然属性、教育背景、生活习惯、地理位置、消费能力、职业状况、经济状况、设备信息等。

行为标签包括地域行为、广告行为、搜索行为、点击行为、评论行为、收藏行为、购买行为等。

偏好标签包括手机数码、母婴、美妆达人、时尚潮人、运动一族、营养品偏好一族等。

场景标签包括"双十一"场景、秒杀活动场景等组合标签。

通过分析各个互联网"大厂"的用户画像系统的建设过程我们可以发现,其实初期的用户画像系统致力于对各项业务进行数据分析,如建设了 Dashboard、自定义报表、订阅,类似 BI 系统,但缺乏标签体系建设、洞察等模块,各个用户画像的功能做得比较浅。这能帮助我们更好地"避坑",了解用户画像系统建设的基础在于了解标签体系建设,我们应在实际建设过程中给予标签体系建设一定的资源倾斜。

通过调研阿里达摩盘、腾讯广点通等产品,我们可以掌握业界先进的用户画像系统的功能,这些功能通常包括数据概览、标签市场、人群画像、人群洞察、人群管理、接口服务、标签管理等。

不得不说，竞品调研十分关键，它有助于产品经理掌握用户画像体系的市场概貌，将其整体架构了然于胸，避免被业务方牵着鼻子走。

10.3　用户画像的规划

小诺在完成需求阶段的梳理之后，其状态焕然一新，从最开始的大脑一片空白，变成现在成竹在胸的状态。

要做好用户画像的规划，需要紧抓整体规划，绘制蓝图，自上而下地梳理业务架构和产品架构。

10.3.1　用户画像的业务架构

从框架层来看，梳理清楚用户画像的业务架构，有助于产品经理清晰地了解用户有哪些，需要解决用户的什么问题，产品的价值、产品的功能优先级，以及要完成这个产品需要投入哪些资源。

下面我们来看如何采用六层次方法梳理用户画像的业务架构，如图 10-11 所示。

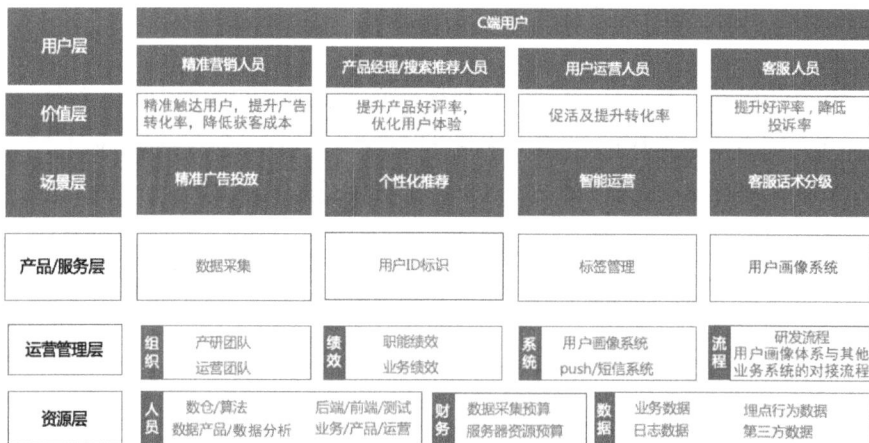

图 10-11

用户画像的业务架构围绕两个方面展开：一方面是用户需求，用户在什么场景下使用用户画像、解决什么问题，或者说使用用户画像给用户带来了哪些价值；另一方面是用户画像实现，要实现用户画像需要哪些资源、需要哪些部门协同配合。

1. 用户场景价值层

我们要明确目标用户，要清晰地知道用户画像体系是给谁用的。通常，用户画像体系的目标用户有精准营销人员、产品经理、搜索推荐人员、用户运营人员、客服人员等。用户画像体系的应用场景包括精准广告投放、个性化推荐、智能运营、客服话术分级等。

2. 产品运营资源层

（1）产品/服务层：产品/服务层要梳理清楚用户在哪些场景使用用户画像。这样，用户画像能提供的核心功能就会变得十分清晰。其核心在于数据采集、用户 ID 标识、标签管理、用户画像系统。

（2）运营管理层：运营管理层要实现这个庞大的用户画像体系，需要多方协作完成。在组织层面，组织包括产研团队、运营团队；在绩效层面，需要分析清楚组织的绩效目标（职能绩效目标、业务绩效目标），多方协作发力；在系统层面，需要列举出与用户画像体系相关联的系统（push/短信系统）；在流程层面，需要考虑研发流程、用户画像体系与其他业务系统的对接流程。

（3）资源层：资源层需要考虑由哪些人员来做、数据采集预算和服务器资源预算是多少、需要哪些数据资源、是否需要购买第三方数据等。

10.3.2 用户画像的产品架构

业务架构比较宏观，并注重自上而下，从业务场景应用层面来进行整体架构的搭建；而产品架构则更注重落地，从自下而上地盘点清楚数据现状角度来建设用户画像体系，以满足核心业务场景的需要。用户画像的产品架构如图 10-12 所示。

图 10-12

1. 数据采集层

数据采集讲究大而全，要想更全面地描绘用户画像，我们需要想方设法采集与用户相关的所有数据。

（1）业务数据：伴随着业务产生，包括用户的基础信息，用户在平台上的购买业务数据、评价数据等。

（2）埋点行为数据：通过埋点的方式采集到的一些行为数据，如浏览数据、点击数据、停留时长等。

（3）日志数据：一般是 Web 端日志记录的数据。

（4）第三方数据：在业务线较为单一的情况下，能拿到的用户数据不多，这时我们可以考虑接入第三方数据。

2．ETL

对一些不符合标准的数据进行抽取、清洗、转换、装载，得到标准数据。

3．数据分析与挖掘层

对标准数据进行标签建模，得到具有商业价值的标签。

（1）统一用户ID标识：很多人不了解用户ID标识，在用户画像体系建设之初，往往会漏掉这个关键步骤。举个简单的例子，阿里巴巴是一个拥有多条业务线的企业，其业务涉及电商、金融、广告、文化、教育、娱乐、设备和社交等领域。若消费者路飞在支付宝上进行了基金理财操作，同时在钉钉上发布了自己的动态，并在淘宝上浏览了棉花糖商品。在这个过程中，路飞登录了不同的账号，你如何把这些行为关联到路飞身上呢？这个问题留给读者自己去思考吧。

（2）用户档案建设：前期可进行数仓主题层的建设，将与用户相关的表汇集在一起，建设一个用户集市，包括用户基础信息表、用户行为表、用户交易行为表等基础表。

（3）标签建模：计算不同类型的标签，如事实类标签、规则类标签、预测类标签。

（4）标签宽表存储：主要将标签数据统一落在几个大宽表中，如用户基础信息宽表、用户行为宽表、用户偏好宽表等。

4．服务层

服务层需描述清楚用户画像体系能对外提供的服务，包括业务服务和系统服务两大类。

（1）业务服务：包括用户画像系统需具备的能力，如画像看板、单用户画像、群体用户画像、相似性人群拓展、标签市场、人群洞察、标签管理（如标签上下架、标签规则）等。

（2）系统服务：主要为接口服务，将用户分群以接口的形式对接至各个业务系统。

在绘制完用户画像蓝图之后，接下来我们需要制订切实可行的项目计划、梳理版本等，以便后续申请相关资源。

5. 应用层

用户画像应用为整个用户画像体系中十分重要的一环，用户画像服务可对接广告投放系统，支持广告精准投放，提升广告投放转化率；可对接营销系统，支持个性化营销信息推送；可对接推荐系统，支持个性化推荐；可对接用户分析平台，深度洞察用户行为，拓展现有商机或挖掘新的商业机会。

10.3.3 用户画像的版本计划

用户画像体系的建设涉及面很广，无法一蹴而就，应当循序渐进。在制订用户画像的版本计划的过程中，我们既需要结合业务当前的需要，争取快、准、狠地在业务上有所应用，又需要考虑系统基础建设，如此才能走得更快、更远。

用户画像的版本计划可分阶段进行，设定每个版本的目标及进度计划，如V1.0、V2.0、V3.0 的建设目标、迭代时间等，如图 10-13 所示。并依照"二八定律"，建设 MVP 版本，先推出一版，快速满足业务需要。

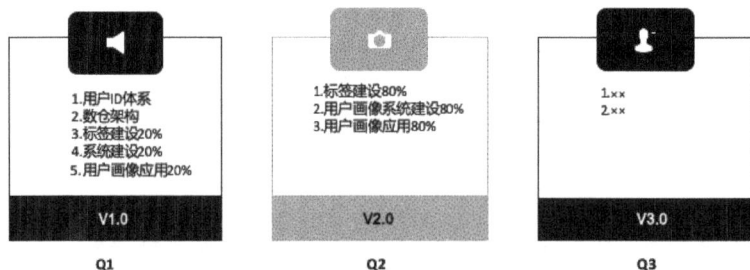

图 10-13

10.3.4　用户画像的项目执行计划

在确定好用户画像的版本计划后，基本的产品形态也就确定了，接下来我们需要制订切实可行的项目执行计划。

小诺："在这里我感到十分疑惑，数据产品经理还需要负责项目执行计划吗？这些不是交给项目经理去做就好了吗？"

老汤姆说道："要知道在实际项目执行过程中，项目经理难以清楚掌握相关数据需求，所以在项目执行过程中，其执行粒度会比较粗，最后项目的执行结果通常不尽人意。而为了达到目标上线时间，最后'砍'需求的事也屡见不鲜。因此，数据产品经理需要运筹帷幄，把握好整体开发、测试、运营节奏，衔接好每个关键节点，这样才能最大限度地保证自己的需求如期上线。"

如图 10-14 所示，在项目执行过程中有 4 个关键节点。

图 10-14

一是立项评审，此时项目经理/数据产品经理需要输出立项 PPT。立项 PPT 中主要包括业务架构、产品架构、产品版本计划、项目执行计划等。

二是需求评审，此时数据产品经理需要输出详细的需求说明文档。需求说明文档主要包括需求背景、产品流程、功能需求说明、数据需求说明、原型设计等。

三是提测演示，此时数据产品经理/前端工程师需要演示开发完成的情况。在进行提测演示前，数据产品经理/前端工程师需要保障页面业务流程、数据上报流程可以跑通，无重大问题，否则就不能进行提测演示，需要继续开发。

四是产品发布，此时相关运营人员需要输出运营计划，对外介绍产品功能、使用方式，后续跟进并收集用户反馈等。

10.4 用户 ID 体系

用户画像体系建设的支撑点是用户 ID 体系，用户 ID 唯一标识相当于用户的身份证。若无用户 ID 唯一标识，则线上行为数据无法被关联到同一个用户身上，更别说对用户进行全方位的画像，因此小诺率先对用户 ID 体系进行了梳理。

用户 ID 体系是用户画像的核心，把几份不同来源的数据，通过各种技术手段识别为同一个对象或主体，从而实现 OneID。而 ID 的打通，必须由 ID 与 ID 之间的一一映射打通关系。只有通过一一映射关系，才能将多种 ID 之间的关联打通，完全孤立的两种 ID 之间的关联是无法被打通的。

通常，同一个用户会有多份数据，多种 ID 之间是多对多的关系，如手机号、IDFA、IMEI、Cookie 等。如何统一这些 ID？又该选择哪个 ID 作为统一身份标识呢？

10.4.1 方法

下面介绍 3 种常见的 ID 映射方法。

1. 基于账号体系

企业最常用的 ID 映射方法是基于账号体系来做 ID 的打通，在用户注册时，给用户一个 UID（User Identification，用户身份证明），以 UID 来强关联所有注册用户的信息。

例如，美团和大众点评的账号体系，美团采用手机号、微信账号、微博账号、美团账号的登录方式，大众点评采用手机号、微信账号、QQ 号、微博账号的登录方式，二者的交集为手机号、微信账号、微博账号。最终，对于注册用户账号体系，美团采用了手机号作为用户的唯一标识。

2. 基于设备

对于未注册用户，我们可以通过终端设备 ID 来精准识别，包括 Android 和 iOS 两类主流终端设备的识别。通过 SDK（Software Development Kit，软件开发工具包）将各种 ID 采集并上报，后台利用 ID 关系库和校准算法，实时生成/找回终端设备唯一 ID 并下发。

3. 基于账号和设备

结合各种账号、各种设备型号之间的关系对，以及设备使用规律等用户数据，采用规律梳理、数据挖掘算法的方法，输出关系稳定的 ID 关系对，并生成一个 UID，作为识别一个用户的唯一标识码。

例如，网易的 ID 体系，网易的产品线有网易云音乐、网易邮箱、网易新闻、网易严选等，在不同应用上有不同的 ID。要想标识唯一 ID，网易采用的思路及方案如下：结合各种账号、各种设备型号之间的关系对，以及设备使用规律等用户数据，采用规律梳理、数据挖掘算法（连通图划分+社区发现）的方法，判断账号是否属于同一个用户。

在 ID 映射过程中，我们常遇到的问题及对应的解决方案如下。

问题一：同一个用户有多个设备信息。

解决方案：定义相关的阈值，将这些设备信息进行关联。社区发现算法当前应用于营销场景，暂未应用于风控或用户运营场景，因为这种方式会把一些异常的账号关联在一起，且会存在仅登录过一次的设备信息。

问题二：设备过期。

解决方案：设定衰减系数，对单用户多设备加大衰减力度。

注：通常，单用户多设备对应的场景有借用朋友的设备、设备脏数据、刷号等。

10.4.2 实施过程

1. 梳理业务及数据现状

一些企业拥有电商、教育、金融等多种业务，不同业务的用户标识不同，数据来源也各不相同，数据散落在各个业务表中，ID 标识可能包括手机号、邮箱、神策 ID、CUID、IMEI、IDFA 等。

2. 明确建设目标

ID 映射体系的建设，旨在打破"数据孤岛"，将更多的用户数据关联起来，形成全域用户画像，以帮助营销人员进行精细化营销。

3. 制订项目计划

第一阶段：基于用户账号体系，用手机号关联注册用户的 ID，维护一个 ID 映射库，统计注册用户的线上和线下行为数据。ID 体系如图 10-15 所示。

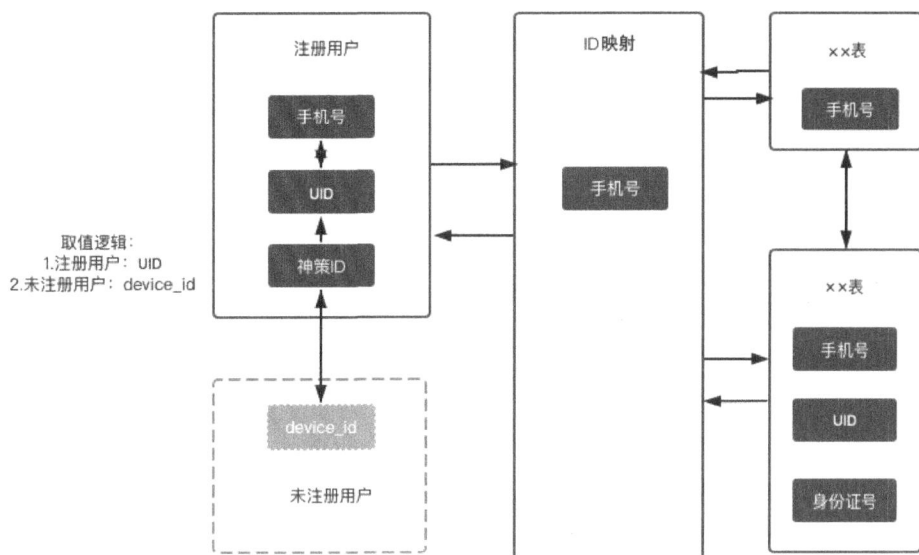

图 10-15

第二阶段：基于设备，用 device_id 关联未注册用户的 ID，统计未注册用户的行为数据。

第三阶段：基于账号和设备，采用数据挖掘算法做 ID 映射。

4．按计划开展项目

按计划开展项目的要点：从企业的数据现状出发，一步步实施；梳理清楚底层数据表中的 ID 标识；梳理清楚各个 ID 之间的关系图，以便做 ID 映射。

10.5 标签体系

标签体系是用户画像体系建设的地基，不打好地基，就不可能建成摩天大楼。

10.5.1 标签分类

不同企业的标签分类有所不同，目前市面上有 3 种常用的标签分类方式，如图 10-16 所示。

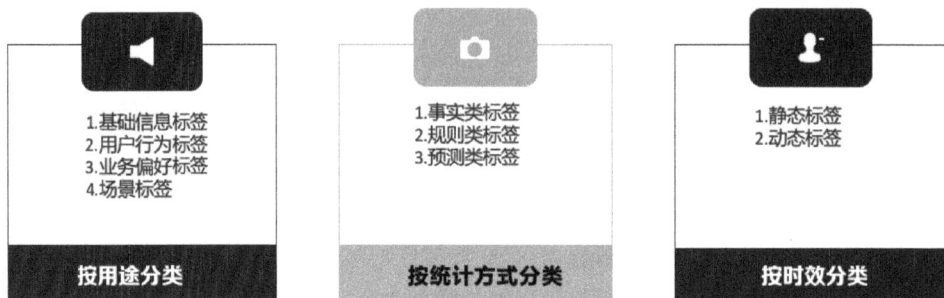

图 10-16

1．按用途分类

按用途分类，标签可分为基础信息标签、用户行为标签、业务偏好标签、场景标签，如图 10-17 所示。通常，在面向产品/业务人员时，我们需要根据实际的业务需要进行类别划分，以便适配产品/业务人员在通用场景和定制场景下对标签的使用需求。

1）基础信息标签

基础信息标签用于描述用户的基础属性，包括自然属性、社会属性、业务属性等，如年龄、职业和收入水平等。

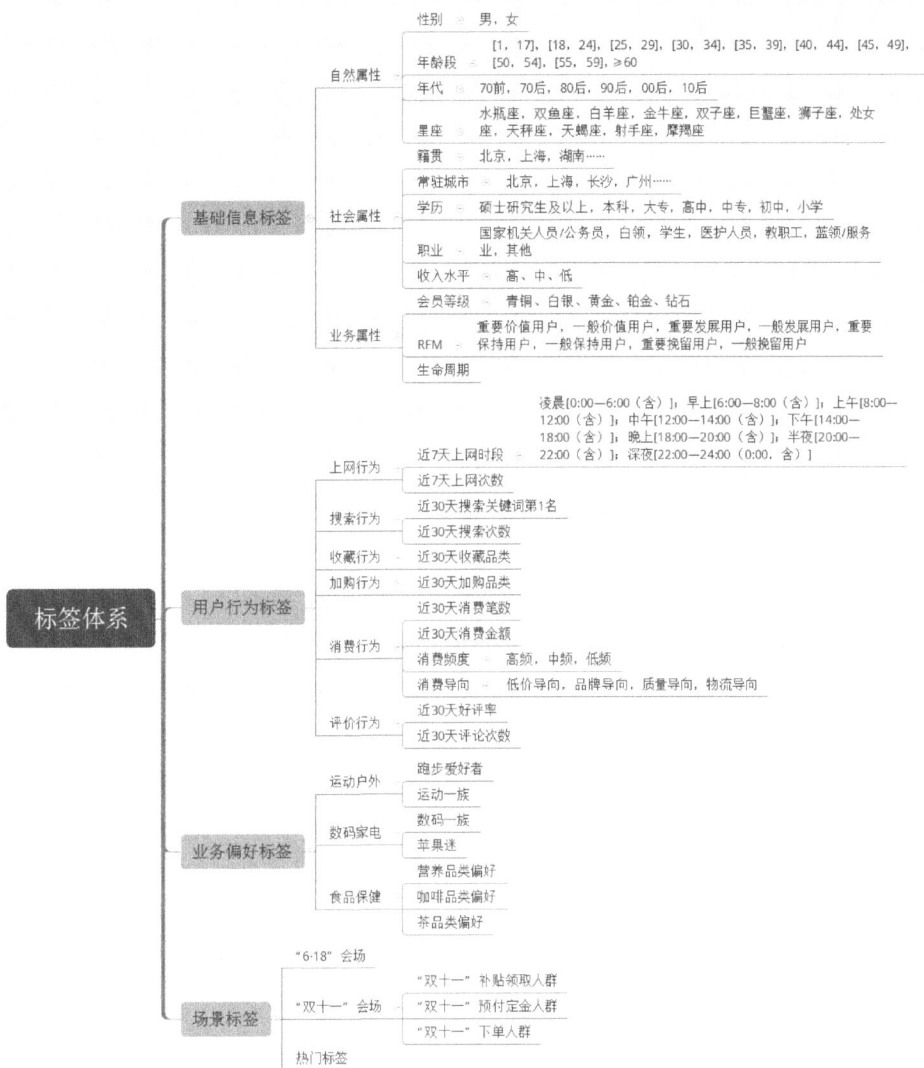

图 10-17　标签体系图

（1）年龄。

人们在一生中需要不同的产品和服务，如在婴幼儿时期吃婴儿食品，在成年时期吃各类食物。人们对衣服、家居和娱乐等的喜好也与年龄有关，因此年龄是用户画像中常用的标签。

（2）职业和收入水平。

职业影响一个人的消费模式，如工人的消费水平可能较低，通常会购买一些物美价廉的产品；金融人员的收入水平较高，其消费水平可能较高，通常会购买高端产品。不同职业的人群的收入水平不同，针对高收入水平的消费者，运营人员可向其推荐更优质的产品，提高产品的转化率。

2）用户行为标签

心理学家马斯洛认为，人类的需求按重要程度排列，分别是生理需求、安全需求、社交需求、尊重需求和自我实现需求。消费者总是先寻求满足最重要的需求，当最重要的需求被满足之后，他就会寻求满足下一个需求。

用户行为标签主要通过洞察用户在最近一段时间内的各类行为，如搜索、收藏、加购等，进一步提炼出用户的需求。用户搜索或加购某类产品的频率越高，其消费需求就表现得愈加强烈。常见的用户行为标签包括近 7 天上网时段、近 30 天收藏品类、近 30 天消费笔数等。运营人员可通过组合圈选有多种行为的用户，为其定向推送相关产品的信息。

3）业务偏好标签

业务偏好标签用于描述用户的偏好业务内容，根据业务划分不同的分类。通常，电商行业的业务偏好标签包括运动户外、数码家电、食品保健等，其他行业的业务偏好标签根据实际业务而定。

在一般情况下，以上 3 类标签即可满足常用的标签使用需求，因为其已描述了Who（基础信息）、Do（用户行为）、What（业务偏好）的整个过程，用户的行为合集构成了整个用户画像。

但随着标签的使用，业务人员发现，经常会有些类似的活动使用了类似的标签组合、类似的人群的数据包。于是，业务人员可以把这类标签组合沉淀下来，针对特定场景使用。

4）场景标签

场景标签在特定场景下使用，由业务使用经验积淀而来，如"6·18"会场、"双十一"补贴领取人群、"双十一"预付定金人群、"双十一"下单人群等。企业在标签建设初期可不设置此类标签。

2．按统计方式分类

按统计方式分类，标签可分为事实类标签、规则类标签和预测类标签。与按用途分类不同的是，按统计方式分类的 3 类标签通常面向研发人员，意指标签是按何种方式计算而来的。这 3 类标签的复杂程度、产研成本由低至高。

1）事实类标签

事实类标签是用户画像最基础、最常见的标签，用于描述客观事实。例如，姓名、会员等级、终端类型、购买次数、购买金额等。

2）规则类标签

规则类标签，顾名思义，是基于确定的规则而产生的。与事实类标签不同的是，规则类标签拥有更多的业务属性，其业务规则需要数据产品经理与业务人员共同制定。例如，活跃用户标签可被定义为"过去 30 天发生 a 行为×次"和"过去 30 天发生 b 行为×次"，进行综合评定。

（1）用户活跃度标签。

实际业务场景会涉及根据用户的活跃度，给用户贴上高活跃、中活跃、低活跃、流失等标签。在这个过程中，高活跃、中活跃、低活跃、流失对应的时间范围是如何划分的？

标签设计讲究定义有依据、建设有方法。

首先要划分用户的流失周期，运用"拐点理论"：X 轴数值的增加会带来 Y 轴数值的大幅增益（减益），在超过某个点之后，当 X 轴数值增加时，Y 轴数值的数据增益（减益）大幅下降，即经济学中的边际收益大幅减少，这个点就是图表中的拐点，如图 10-18 所示。

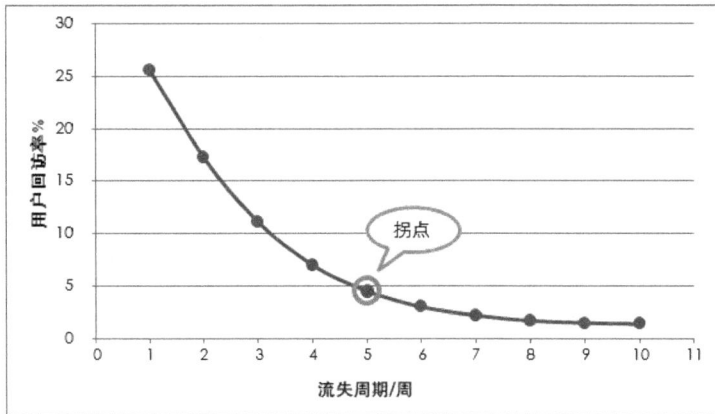

图 10-18

当图 10-18 中的流失周期增加到 5 周时，用户回访率的缩减速度明显下降，所以这里的 5 周就是拐点。我们可以用 5 周作为定义用户流失的期限，即一个之前访问/登录过的用户，如果之后连续 5 周都没有访问/登录，就定义该用户流失。

在划分完流失周期之后，我们在初期可根据四分位数，将用户的活跃度划分为高、中、低 3 种，在后期根据数据情况更新规则。

四分位数也称四分位点，是指在统计学中把所有数值从小到大排列并分为 4 等分，处于 3 个分割点位置的数值。

例如，近 1 个月访问 App 次数为 0~8，假设数据均匀分布，则 3/4 分位点为 6、1/4 分位点为 2。

高活跃用户：近 1 个月访问 App 次数在[6，8]区间的用户。

中活跃用户：近 1 个月访问 App 次数在（2，6）区间的用户。

低活跃用户：近 1 个月访问 App 次数在[0，2]区间的用户。

（2）RFM 标签。

根据美国数据库营销研究所 Arthur Hughes 的研究，用户数据库中有 3 个神奇的要素，这 3 个要素构成了数据分析最好的指标：最近一次消费时间、消费频率、消费金额。

最近一次消费时间（Recency）：用户上一次购买的时间，一般上一次消费时间越近的用户是质量更佳的用户。最近一次消费时间是维系用户关系的一个重要指标。

消费频率（Frequency）：用户在限定时间周期内消费的次数。消费频率高的用户，也是满意度高的用户。根据这个指标，我们可以把用户分成几等分，相当于划分了一个忠诚度的阶梯。

消费金额（Monetary）：产能最直接的衡量指标，也可以验证"二八定律"，企业 80%的收入来自 20%的用户。

我们在设计 RFM 标签时，可根据"二八定律"来进行标签分级。

"二八定律"又名 80/20 定律、帕累托法则，它是在 19 世纪末 20 世纪初由意大利经济学家帕累托发现的。帕累托认为，在任何一组东西中，最重要的只占其中一小部分，约 20%，其余 80%尽管是多数，却是次要的。给一个企业带来 80%利润的是 20%的用户。按照这个定律，如果能把这 20%的用户找出来，为其提供更好的服务，就能促进企业的发展和业绩增长。

R：如在历史数据中，20%的用户最近一次访问<90 日为"近"，80%的用户最近一次访问≥90 日为"远"。

F：如在历史数据中，80%的用户订单量<10 单为"低频"，20%的用户订单量≥10 单为"高频"。

M：如在历史数据中，80%的用户交易金额<2000 元为"低额"，20%的用户交易金额≥2000 元为"高额"。

用户类型划分如图 10-19 所示。

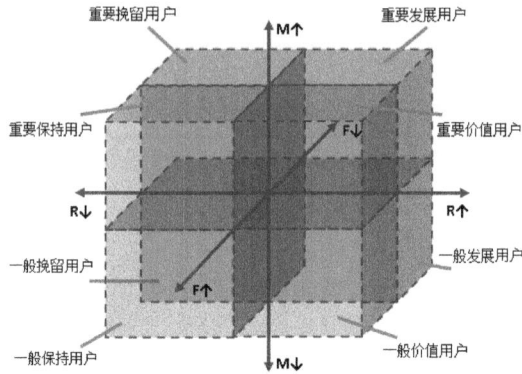

图 10-19

① 重要价值用户：R↑ F↑ M↑，消费金额大、消费频率高且最近有消费的用户，为优质客户；可向其提供更多资源，如提供 VIP 服务、专属客服通道、个性化服务等。

② 重要保持用户：R↓ F↑ M↑，消费金额大、消费频率高，但最近无消费的用户；需要将其唤回，可向其提供有用的资源，通过续订或更新产品赢回他们。

③ 重要发展用户：R↑ F↓ M↑，消费金额大且最近有交易，但消费频率不高的用户；需要重点识别他们，可进行交叉销售，提供会员/忠诚计划，向其推荐其他产品。

④ 重要挽留用户：R↓ F↓ M↑，消费金额大，但消费频率不高且最近无消费的用户，为最具潜在价值的用户；需要挽留他们，可采取 push 消息触达、回访等措施来提高留存率。

⑤ 一般价值用户：R↑ F↑ M↓，消费频率高且最近有消费，但消费金额较小的用户；需要进一步挖掘，向其销售价值更高的产品。

⑥ 一般保持用户：R↓ F↑ M↓，消费频率高，但最近无消费且消费金额较小的用户；可向其销售价值更高的产品。

⑦ 一般发展用户：R↑ F↓ M↓，最近有消费，但消费频率低、消费金额较小的用户；可按消费类型向其推荐其感兴趣的产品。

⑧ 一般挽留用户：R↓ F↓ M↓，无消费的新用户；可开展活动，令其免费试用产品，提高他们的兴趣，建立他们对品牌的认知度。

3）预测类标签

预测类标签基于现有事实及规则无法得出，我们需要运用决策树算法、贝叶斯分类算法等进行数据挖掘与训练，得出标签预测结果。

预测类标签的复杂度高、开发周期长、开发成本高，且需要算法工程师参与。预测类标签的占比一般较小。

3．按时效分类

按时效分类，标签可分为静态标签和动态标签，方便业务人员在需求被提出时做好时间维度的限制，同时方便开发人员在更新标签时将静态标签的更新时间设置得更长，提升数据产出效率。

1）静态标签

静态标签通常用于描述固有属性，不会随时间的变化而改变，如性别、身高、体重等。

2）动态标签

动态标签需要动态更新，以保持标签的有效性，如近 7 天购买次数、近 30 天加购次数等。

10.5.2　标签分级

当标签数量达到成百上千个时，业务方要从中查找某个特定的标签就会十分困难。所以在标签建设初期就需要进行分级分类管理，就像整理计算机中的文件夹一般，分类清晰的标签更便于查询使用。标签常用的分级结构为一级标签、二级标签、三级标签……逐级往下分。标签分级示例如表 10-1 所示。

表 10-1

一级标签	二级标签	标签名	标签值
基础信息	人口属性	性别	男，女
		年龄段	[1，17]，[18，24]，[25，29]，[30，34]，[35，39]，[40，44]，[45，49]，[50，54]，[55，59]，≥60
		预测年龄段	[1，17]，[18，24]，[25，29]，[30，34]，[35，39]，[40，44]，[45，49]，[50，54]，[55，59]，≥60
		年代	70 前，70 后，80 后，90 后，00 后，10 后
		星座	水瓶座，双鱼座，白羊座，金牛座，双子座，巨蟹座，狮子座，处女座，天秤座，天蝎座，射手座，摩羯座
		生肖	鼠，牛，虎，兔，龙，蛇，马，羊，猴，鸡，狗，猪
		学历	硕士研究生及以上，本科，大专，高中，中专，初中，小学
		预测学历	硕士研究生及以上，本科，大专，高中，中专，初中，小学
		职业	国家机关人员/公务员，白领，学生，医护人员，教职工，蓝领/服务业，其他
		中小企业主	
	地域属性	用户常驻城市等级	一线、二线、三线
		用户所在城市_新	
		热门商圈用户	
	上网行为	近 3 天无线上网时段	凌晨[0:00—6:00（含）]；早上[6:00—8:00（含）]；上午[8:00—12:00（含）]；中午[12:00—14:00（含）]；下午[14:00—18:00（含）]；晚上[18:00—20:00（含）]；半夜[20:00—22:00（含）]；深夜[22:00—24:00（0:00，含）]
		近 7 天无线上网时段	凌晨[0:00—6:00（含）]；早上[6:00—8:00（含）]；上午[8:00—12:00（含）]；中午[12:00—14:00（含）]；下午[14:00—18:00（含）]；晚上[18:00—20:00（含）]；半夜[20:00—22:00（含）]；深夜[22:00—24:00（0:00，含）]

注意：在建设初期要注意的是层级不必生搬硬套、划分过细，根据标签建设实际情况划分即可。如果企业只有几十个标签，那么划分至二级即可，划分过细反而累赘。

10.6　用户画像系统

在完成用户画像体系的数据基础建设后，小诺总算松了一口气，而后开始了用户画像系统的整体设计，以更好地满足业务方的使用需求。

10.6.1　概述

用户画像系统是基于企业全域流量打造的数据应用平台，提供基于用户标签、用户分群、人群洞察的统一数据应用服务。它能帮助产品人员、营销人员进行精细化营销，赋能精准广告投放、智能运营、智能客服、智能风控等。

市面上现有的用户画像系统依照其面向的目标群体，可分为内部工具型和商业应用型两类。

内部工具型用户画像系统一般面向企业内部的产品人员、运营人员等（此处统一称之为营销人员），其定位侧重于帮助营销人员开展各类精细化营销，更多的是提供个人及群体画像洞察分析、提供接口服务等。例如，微博的用户画像系统主要包括数据接入、个人画像分析、人群画像分析、接口查询等模块；58 同城的用户画像系统主要包括标签管理、人群圈选、标签分析等功能。

商业应用型用户画像系统已成功蜕变为商业化工具，提供第三方服务。例如，神策的用户画像系统的定位为用户数据分析平台，它提供探索用户特征及画像的功能，完成对用户的识别、聚类和细分，并通过历史特征变化，查看用户生命周期的演变过程。神策的用户画像系统的主要功能包括特征标签的加工生产、用户特征及画像分析、用户分群管理等。其更多地作为用户分析工具。

腾讯的 DMP（Data Management Platform，数据管理平台）则定位为第三方的数据管理平台，主要面向广告主，对接精准广告投放。其主要功能包括数据接入、人群管理、洞察分析、标签管理、对接投放等。其更多地作为数据管理工具。

阿里巴巴的达摩盘定位为商家营销平台，主要面向淘宝平台的商家，帮助商家立体地刻画目标消费者，选择特定人群进行广告投放，开展营销活动。其主要功能包括人群管理、洞察分析、标签管理、场景分析。其更多地作为营销工具。

接下来主要介绍内部工具型用户画像系统的设计，其功能模块主要包括首页、洞察、标签广场、人群、系统管理，如图 10-20 所示。

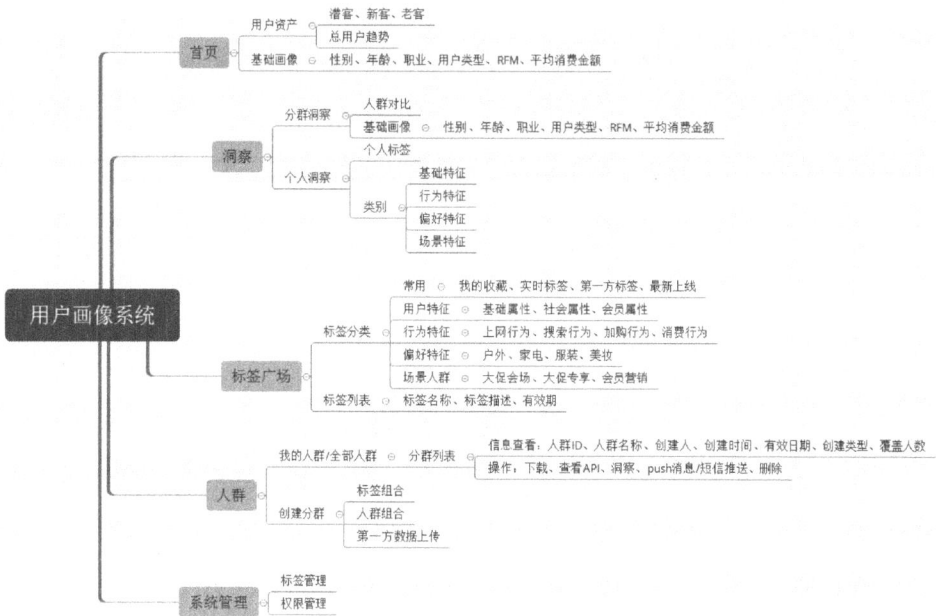

图 10-20

10.6.2 首页

首页主要用于查看用户资产及基础画像，展示潜客、新客、老客等不同类型的用户的基础信息，如性别、年龄、职业、用户类型、**RFM**、平均消费金额等数据，帮助使用者直观地了解到用户画像现状，如图 10-21 所示。

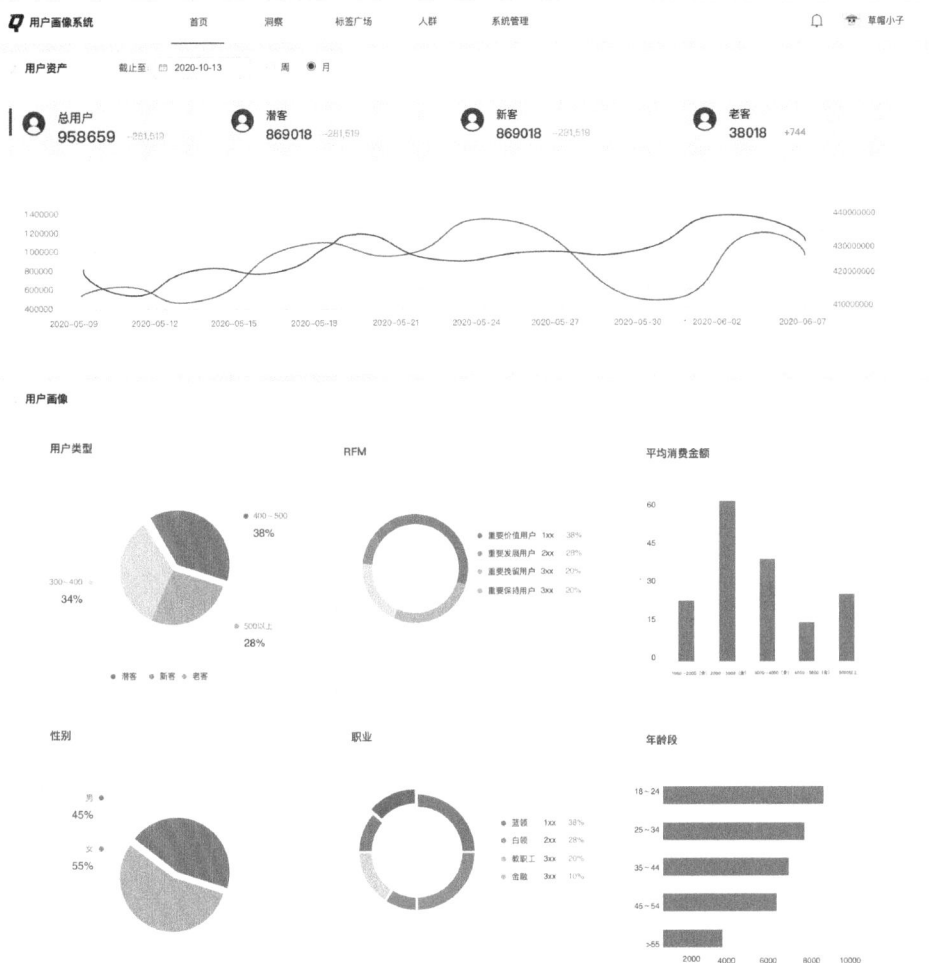

图 10-21

10.6.3 洞察

　　洞察分析可以帮助营销人员更加细致且全面地了解人群的基本信息、人群行为、人群偏好等特征分布，这些特征可用于广告投放策略优化、营销活动方案优化、客服话术调整等，为项目开展提供参考依据，如图 10-22 所示。

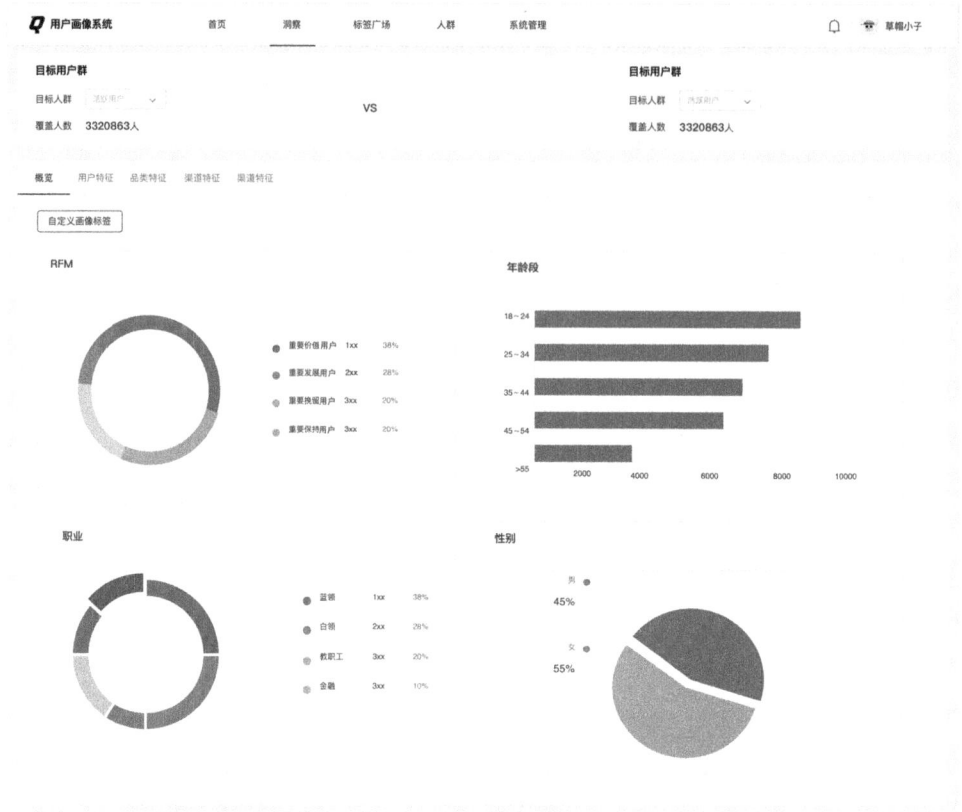

图 10-22

例如，营销人员通过洞察分析得出，人群中女性的占比较大，在兴趣爱好中美妆护肤类的居多。营销人员可根据这些信息制作出更符合用户特征的活动素材，提升活动的参与率和产品的购买率。

个人洞察模块针对单个用户进行全方位画像描绘，通过输入用户标识，如手机号、用户 ID，查看用户的全部信息，包括个人标签、基础特征、行为特征、偏好特征、场景特征。

10.6.4　标签广场

企业通常都会有成百上千个标签，但是对于标签分类有哪些，不同分类下有哪些标签，这些标签代表什么含义，在什么场景下使用这些标签，营销人员可谓一头雾水。标签广场模块能帮助营销人员直观地了解标签分类、标签的含义，收藏常用的标签，实现大海捞针，如图 10-23 所示。

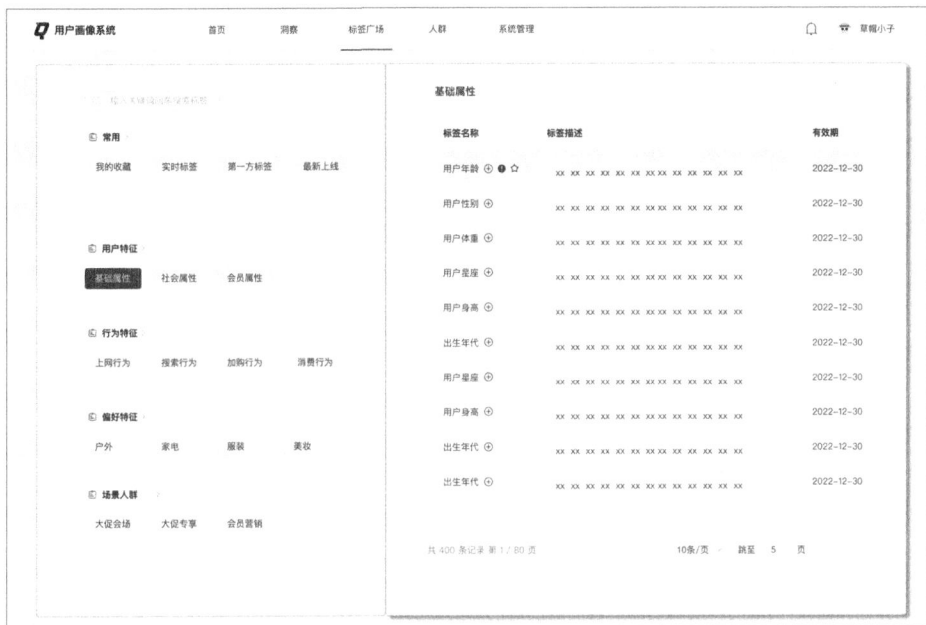

图 10-23

收藏夹功能（单击标签名称右侧的五角星图标，可将对应的标签添加到收藏夹中）可以用于存放用户感兴趣的标签，以便营销人员快速找到目标标签，进一步提高操作效率。

10.6.5 人群

人群模块主要包括我的人群、全部人群、创建分群，展示人群 ID、人群名称、创建人、创建时间、有效日期、创建类型、覆盖人数，并且可对人群进行下载、查看 API、洞察、push 消息/短信推送、删除操作，如图 10-24 所示。

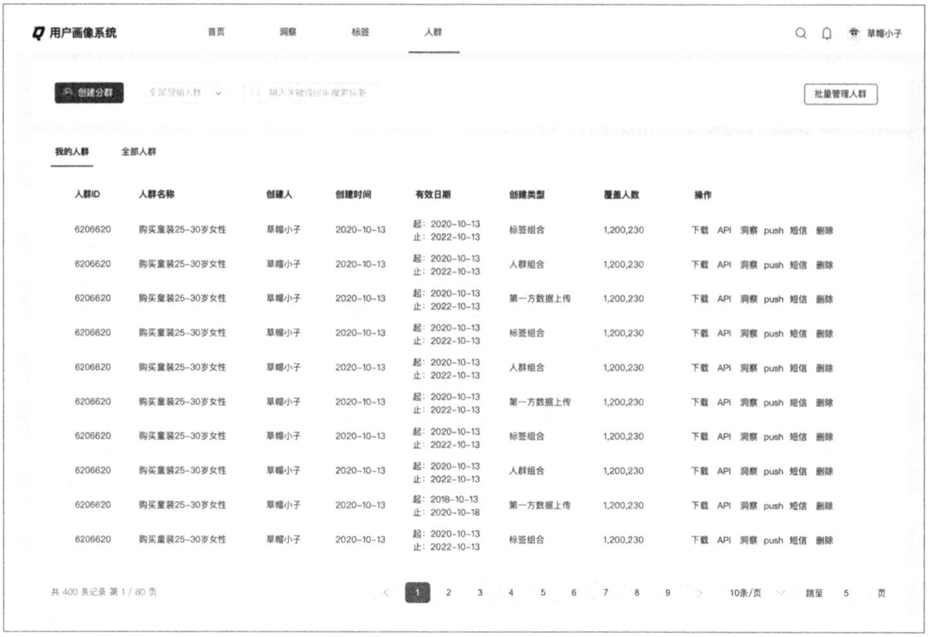

图 10-24

　　创建分群的方式可分为标签组合、人群组合、第一方数据上传，如图 10-25 所示。标签组合是常见的方式，即通过对单个标签的交、并、差圈选，创建人群包。例如，圈选北京地区、年龄为 18～25 岁的女性群体，形成一个人群包，可对其推送美妆产品。

　　人群组合是在标签组合生成的人群的基础上，进行人群间的组合，形成新的人群包。

　　第一方数据上传通常是上传用户的 ID 信息，营销人员将特定人群的 ID 信息以 TXT 文件的形式上传到用户画像系统，在创建成功后可以对该人群进行洞察分析、营销推送等。例如，美妆线营销人员上传了注册会员的人群，并对该人群定向投放秒杀活动的 push 消息，大大提升了销量和转化率。

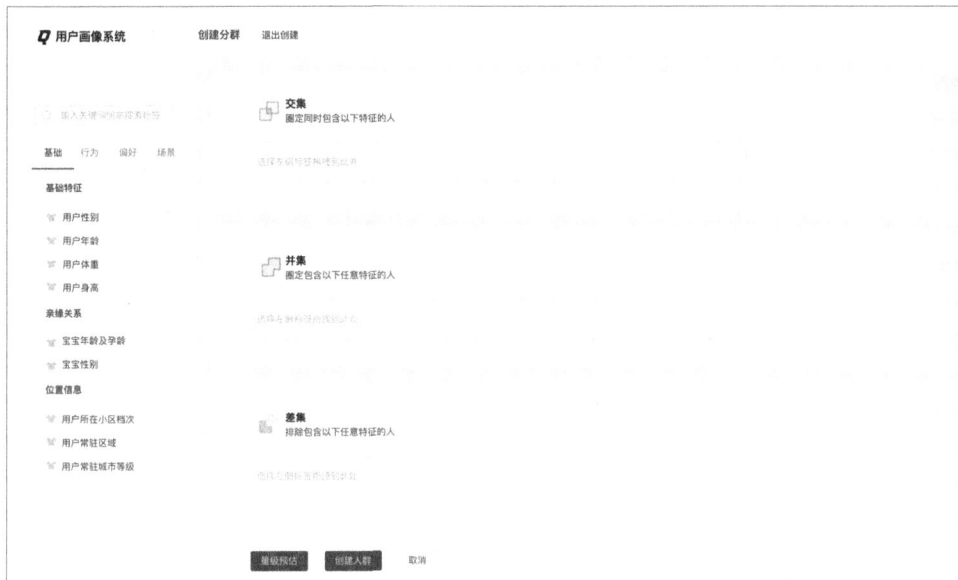

图 10-25

10.6.6　系统管理

系统管理模块包括标签管理和权限管理模块。该模块主要面向数据产品经理等系统管理员，系统管理员在进入页面后对标签进行增、删、改、查，以及人员权限开通等操作。

10.6.7　总结

至此，用户画像就打造完成了。如何将其物尽其用呢？下面我们一起探索用户画像的应用。

10.7　用户画像的应用

菲利普·科特勒将精准营销建立在泰勒提出的科学管理理论基础上，以剖析用户的深层次需求为手段，细分当前市场及目标用户，将营销方式从广而告之转变为精耕细作，对市场进行深入挖掘，从而取得良好的效果。

杰夫和格莱士提出了精准营销的 4R 法则，即通过合适的渠道（Right Channel），在合适的时间（Right Time），将合适的产品（Right Product）推送给合适的用户（Right Customer）。

用户画像契合了精准营销的需要，将人群细分，逐个突破。下面介绍用户画像的 4 种主要应用：精准广告投放、智能运营、智能客服、智能风控。

1. 精准广告投放

用户画像在精准广告投放过程中至关重要，用户画像可以完美地抽象出一个用户的全貌，为进一步精准、快速地预测用户行为提供全面的数据基础。早在 2007 年，雅虎就根据用户画像推出了 SmartAds 广告方案。雅虎掌握了海量的用户信息，如用户的性别、年龄、收入水平、地理位置及生活方式等，再加上对用户搜索、浏览行为的记录，雅虎可以为用户呈现个性化的横幅广告。这是用户画像在独立广告平台上的应用。

对企业来说，使用用户画像进行广告投放，可以精准触达目标用户，提升广告从点击到激活的转化率，降低广告投放成本。精准广告投放的效果如表 10-2 所示。

表 10-2

对比	CPC/元	从点击到激活的转化率/%	激活成本/元	从激活到付费到转化率/%	付费成本/元
使用用户画像进行广告投放前	1	5	20	15	134
使用用户画像进行广告投放后	1	10	10	20	50

例如，同样是 CPC（Cost per Click，每次点击所花费的成本）=1 元，之前采用粗放式投放的方式，从点击到激活的转化率为 5%，激活成本为 20 元，从激活到付费的转化率为 15%，付费成本为 134 元。通过分析站内用户画像，进行广告素材优化，并

输出潜在目标用户标签，在广告平台上进行定向投放，从点击到激活的转化率提升到 10%，激活成本降为 10 元，付费成本降为 50 元。

2. 智能运营

传统的运营采用无差别营销、轰炸式营销的方式，对每个潜在用户都一而再，再而三地推送同样的信息。从用户角度来看，用户对这种轰炸式营销十分反感，用户体验差；从企业的角度来看，这是对企业成本的极大浪费，隐形成本极高。

如何将合适的内容，在合适的时间，用合适的方式推送给合适的用户？

用户画像的人群标签功能可帮助营销人员结合市场、渠道、用户行为，对用户展开有针对性的营销活动。其中，对于端内触达人群，营销人员可采用个性化推荐的方式；对于端外触达人群，营销人员可采用 push 消息/短信推送的方式。

1）个性化推荐

营销人员可以通过用户画像中的性别、年龄段、兴趣爱好、浏览购买行为等标签，给用户推荐不同的内容，如今日头条的个性化文章内容推荐、抖音基于用户画像做的个性化视频内容推荐、淘宝基于用户浏览行为等用户画像数据做的个性化商品推荐等。

2）push 消息/短信推送

push 消息/短信推送是比较常见的活动，如招商银行通常在用户生日当天给用户发送生日祝福短信；京东在用户加入购物车的商品降价后，向用户推送降价的 push 消息通知等。

"双十一"秒杀活动如图 10-26 所示。

项目背景：商家希望通过"双十一"秒杀活动促进其滞销商品的销售，并给接下来的营销活动营造火热的氛围。

图 10-26

目标：将滞销商品售出 80%。

手段：选择高潜用户，在头部展示 24 小时的秒杀活动，连续 7 天，倾斜更多流量，限时特惠。

触达手段：端内的开屏广告，端外的短信和 push 消息。

项目实施过程：营销人员在平台上圈选一些滞销商品，并圈选对应商品类型的高潜用户，添加好活动页面、活动素材，连续 7 天推送不同的素材；每日通过后台数据监测活动效果，如监测商品浏览量、点击量、加购率、购买转化率等指标。

以上是人工触发的推送方式，除此之外，还有系统触发的推送方式，触发方式可以基于位置、时间、动作、环境等维度。例如，基于位置和时间这两个维度的动态变化来触发相应的推送服务，并从相应的内容库中选取内容序列，进而推送给用户。

3．智能客服

当我们在向某平台的客服部门投诉、咨询或反馈意见时，客服可以准确地说出我们在平台上的购买情况、上一次咨询问题的处理结果等信息，有针对性地提出解决方法，对高价值用户提供 VIP 客服通道等专项服务。

4．智能风控

案例：营销反"薅羊毛"。

行为：此类用户资源池有限，通过频繁地切换 IP（Internet Protocol，网际互连协议）、Wi-Fi 等设备信息，规避风险。

方案：利用用户画像及其特征，切入智能风控，能够提升 6%的风险用户识别率，同时结合知识图谱、IP 名单、异常设备等方面的数据信息，能够提高数据价值。

第 11 章

电商反作弊体系

11.1 "电商黑产"的现状

11.1.1 "电商黑产薅羊毛"事件

早上小诺看到一个用户运营人员十分生气，原来他刚做的一个拉新活动被"电商黑产薅羊毛"了，损失不小。片刻后，运营部门的负责人就拉上老汤姆和各方一起开会，主题是战"电商黑产"。

在会议上，运营部门的负责人先介绍了活动的背景和实际效果，然后说道："几年前，某知名电商平台出现重大 Bug（漏洞），用户可以随便领取 100 元的无门槛券。该电商平台被'薅羊毛'，损失惨重。类似的事件也常常发生在各大电商平台，尤其是在促销活动期间。在这些事件的背后，我们可以看到一个共同的身影——'电商黑产'。"

在大家了解情况后，老汤姆让小诺介绍关于"电商黑产"的调研情况，小诺娓娓道来。

11.1.2 "电商黑产"的类型

"电商黑产"有哪些类型呢？我认为"电商黑产"可以分以下 3 种。

1. 跟风用户

当某个平台出现 Bug 时，普通用户不用伪造身份或使用专业作弊手段，即可和其他专业"羊毛党"一起跟风"薅羊毛"，此类用户为正常用户。对平台来说，此类用户虽然给平台造成了损失，但本质上不算真正的"羊毛党"。

2. 羊毛党

"羊毛党"可以利用仿冒账号等作弊手段，在各大电商平台的促销活动期间，模仿真实用户，参与其中，并获得各大电商平台给予的优惠权益，从而让自己获利。"羊毛党"的规模较小。

3. 电商黑产

"电商黑产"比"羊毛党"更加"高级"：从组织上看，他们有明确的人员分工；从技术上来说，他们有先进的作弊设备和手段；他们还可以将商品进行倒卖，让"薅羊毛"变成一个持续盈利的"产业"。

11.1.3 电商"薅羊毛"场景

1. 电商用户的生命周期

电商用户的生命周期大致分为 5 个阶段：新人期、成长期、成熟期、衰退期、流失期。

针对用户的生命周期，电商产品经理和运营人员会有针对性地制定一些营销策略。举例如下。

（1）新人期：新人礼包、0 元购、0 元券、首单全额返。

（2）成长期：秒杀活动、满减活动、买送活动。

（3）成熟期：拼团活动、裂变拉新活动、特价商品。

（4）衰退期：签到红包、抽奖活动。

（5）流失期：通用红包、无门槛优惠券、现金奖励。

2."电商黑产"造成的损失

"电商黑产"一般会利用活动规则的漏洞，或利用作弊手段仿冒真实用户。例如，针对新人期的 0 元券，"电商黑产"会仿冒大量新人账号进行领取，购买对应商品，再倒卖获利；针对成熟期的裂变拉新活动，"电商黑产"会控制大量假账号，来获取电商平台给老用户的拉新权益。

无论是以上哪种情况，都会给电商平台、商家和用户三方造成损失。

（1）对电商平台而言：电商平台花费了大笔营销费用，却没有获得真实的用户。

（2）对商家而言：商家的商品没有得到有效的传播，因为有一部分被"电商黑产"购买了。

（3）对用户而言："电商黑产"侵占了真实用户的权益，使他们无法享受电商平台给予的福利。

有关资料显示，疑似"电商黑产"的账号有上千万个，每年给全球电商平台造成的损失达上千亿元。

11.1.4　"电商黑产"的发展趋势

近几年，"电商黑产"的发展呈现出团队化、专业化、全球化三大趋势。

1．团队化

"电商黑产"已经发展成一支"有组织、有纪律"的团队，他们分工明确，"营销人员"负责四处收集各大电商平台的营销活动信息，"产品经理"负责研究活动规则并制定"薅羊毛"方案，"研发人员"负责准备作弊工具，"销售人员"负责把"薅"来的商品分销变现。

2．专业化

"电商黑产"的作弊手段多种多样，作弊设备专业，如卡池、猫池、设备农场、地址库等。

3．全球化

"电商黑产"团队分布于全球，他们有隐秘的对接渠道和沟通群，新的作弊手段一旦产生，就可在"电商黑产"界迅速传播。同时，有人专门为"电商黑产"制作各种作弊平台和工具，进行获利。

11.1.5　"电商黑产"的作弊工具

1．账号

一般电商的活动都是一个账号可以享受一次优惠，而"电商黑产"想要获利，就需要拥有大量的账号。"电商黑产"往往会购买国外的账号或者盗取他人的账号。

2. 设备

有了大量的账号，就需要有大量的设备去对接。"电商黑产"往往会低价买二手机或使用模拟器。

3. IP

在与"电商黑产"的攻防战中，利用 IP 地址进行识别与标记也是常见的风控手段。因此，"电商黑产"也会用动态 VPS（Virtual Private Server，虚拟专用服务器）混拨对 IP 进行伪装。

4. 卡池和猫池

卡池的作用是提供大量的 SIM（Subscriber Identity Module，用户身份识别模块）卡，并且可以自动换卡。猫池是插卡的设备，可以连接计算机，收、发短信验证码，目前已经演化到可以接打电话、保存录音、伪造语音等。

5. 一键新机软件

因为一部手机的一些信息是固定的，如型号、设备 ID 等，所以"电商黑产"为了在有限的设备上虚拟出多个设备，就会使用软件对设备的以上信息进行更改，让设备变为一台"新机"。

6. 操作模拟器

操作模拟器可以记录真实用户在使用手机过程中的操作习惯，并模拟真实用户的操作，结合软件或外接按键设备，来模拟真实的用户。

在小诺汇报完毕后，大家对"电商黑产"有了初步的了解。

用户运营人员愤愤地说："我们一定要打倒'电商黑产'。"

运营部门的负责人说："汤姆，我们有什么方案打击'电商黑产'吗？"

老汤姆说："今天我把研发部门的负责人也叫了过来，我们最近几天一起讨论了应对方案，我们认为打击'电商黑产'最根本的方法是提高'电商黑产'的作弊成本。接下来请小诺继续介绍。"

11.2 "电商黑产"的防控方案

11.2.1 活动的损失评估

小诺说："今天我把数据分析师阿北也叫了过来。因为在做风控之前，我们需要先对平台被'电商黑产刷单'造成损失的程度进行评估，了解每次营销活动的损失，再将其与反作弊需要投入的成本进行比较，以此来判断投入人力和财力进行反作弊是否正向。

"举例：某营销活动是给予新用户0元券，新用户可以凭此券0元购买指定的商品。

"在此营销活动进行7天后，我们可以请阿北导出在这7天期间用0元券购买商品产生的订单的详细信息，包括日期、订单ID、商品名称、订单类型、支付时间、商品数量、应支付金额、实付金额、运费金额、收件人姓名、收件人电话、收件地址等。

"在数据被导出后，我们会发现存在一部分收件人姓名相同、收件地址前缀重复、后缀乱文，收件人电话仅尾号不同等情况。我们用最原始的人工方法统计有明显作弊特征的订单数量，将其除以总订单数量，以此来估计'电商黑产'订单百分比。同时，我们将此营销活动达到的效果与历史活动数据进行比较，发现差异较大点，以此评估'电商黑产'带来的影响。"

11.2.2 反"电商黑产"作弊案例

某营销活动的规则是新用户在购买指定的商品，完成首单支付后，可以获得与其所购商品价格等额的红包。

针对此营销活动，我们要对其事前、事中、事后都制定相应的策略。

1．事前阶段

1）活动规则设计

反作弊的主要目标是提高"电商黑产"的作弊成本。在活动规则设计方面，反作弊可从以下几个方向进行。

活动规则的设计要严谨，可以自圆其说。当活动中出现一些风控策略或需要调整一些活动商品时，我们要事先制定一些活动规则来解释，以避免被"电商黑产"恶意投诉。

商品的优惠力度要适度，因为优惠力度越大，被"电商黑产"盯上的可能性就越大。

2）此营销活动的规则

（1）新用户只可购买指定商品，以防止价值较高的商品被"电商黑产刷单"，造成较大的损失。

（2）电商平台在新用户完成首单7个自然日后，给新用户返还与其所购商品价格等额的红包，以防止"电商黑产"在得到红包后，将首单商品退货。

（3）新用户须绑定有效的手机号，通过短信验证码进行验证。

（4）此营销活动仅限账号为国内号段的新用户参与，国外号段的新用户无法参与，以此来减少"电商黑产"利用国外的垃圾账号进行"刷单"的情况发生。

3）技术方案

在新用户刚进入电商平台的风控场景下，缺少信息和特征是一个难点。相应地，我们的手段有以下几个。

（1）接入第三方风控系统。将可获得的新用户的信息，如手机号、IP 地址、微信账号等传入第三方风控系统，待第三方风控系统返回标记结果后，我方对相应新用户进行拦截。

（2）有监督机器学习。将后期发现的"电商黑产"订单的所有信息当作样本集，进行机器学习，算法会提炼此类订单关联的新用户在刚进入电商平台参与营销活动时表现出的特征，待下次开展新用户活动时，我方可对具有这些特征的新用户进行拦截。

（3）白名单数据维护。由业务部门提供一批真实用户的信息，算法对这批用户的信息进行学习，以此来辅助风控算法对恶意用户的识别。

定期地维护白名单样本的另一个作用在于可以作为样本集供风控模型学习，以此来检测风控模型的误杀率。

2．事中阶段

仅有事前的风控还远远不够，我们还需要对新用户进行事中的风控。

在事中阶段，难点除了前文所说的缺少信息和特征，还有尽快给出打分结果。我们多采用以下方法来克服这些难点。

1）无监督机器学习

当我们缺乏标注依据，且无法及时对样本进行标注时，可采用无监督机器学习方法。我们需要找到对象具有的一些特征，如地域、IP 地址、网络状态、手机系统等。

假设在某个时间段，通过聚类分析，我们发现有一部分用户使用的手机系统相同，设备都进行了 Root 权限设置（完全掌控系统底层及系统文件），且 IP 地址属于一个号段，网络状态相同，地理位置接近。经过一个个特征的叠加，我们给出一个判断分数，当该判断分数达到某个阈值时，我们就认为该用户是"电商黑产"。

2）真人操作识别

当我们用手指在手机界面上操作时，手机的传感器会记录我们的操作数据，我们可以将此数据按照时序记录下来，形成连续的波形。而通过外置设备或模拟器模拟的用户操作，与真实的用户操作是有一些区别的，所以我们可以将二者的波形进行对比，从而判断此设备是真实用户在操作还是作弊机器在操作。

3）孤立森林模型

在一次电商活动中，"电商黑产"账号产生的数据有两个特点：一是只占全量数据的一部分；二是和正常用户的数据有较大差别。

基于这样的思考，我们采用孤立森林模型，在一组连续数据中，通过无监督机器学习，从不同的维度叠加去圈选出那些在全量数据中分布较离散、远离高密度数据群体的样本。

由图 11-1 可知，A 点和 B 点分布在图中的不同位置，位于聚集区的样本 A 点需要经过多次切割才会被分离出，而样本 B 点经过几次切割即可被分离出。由此可以看出，切割线总长度相对较短的样本点容易被孤立，于是我们可以设定一个阈值，切割线总长度小于这个阈值的，就被判别为"电商黑产"。

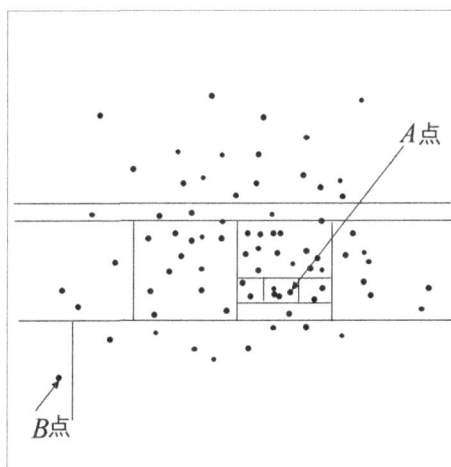

图 11-1

3．事后阶段

在经过事前和事中的风控后，在产生订单未发货前，我们也要进行风控。在这一步的风控中，我们重点介绍规则性风控。

此营销活动产生的订单如表 11-1 所示。

表 11-1

序号	订单类型	收件人姓名	下单时间	实付金额	收件人电话	收件地址
1	普通订单	张三	2020-3-10 1:34:22	0	1.47E+10	北京市北京市昌平区蓝天家园 12 号楼联系 1345762××××
2	普通订单	张三	2020-3-10 1:36:45	0	1.43E+10	北京市北京市昌平区蓝天家园旁边重庆火锅店
3	普通订单	张三	2020-3-10 1:45:28	0	1.46E+10	北京市北京市昌平区蓝天家园门口联系①④⑥⑦⑧⑨①××××
4	普通订单	张三	2020-3-10 3:31:15	0	1.49E+10	北京市北京市昌平区蓝天家园门口联系一三九五二八××××
5	普通订单	张三	2020-3-10 3:57:38	0	1.75E+10	北京市北京市昌平区蓝天家园门口旁边沙县小吃馆
6	普通订单	张三	2020-3-10 4:35:13	0	1.75E+10	北京市北京市昌平区蓝天家园联系人 13ol245××××
7	普通订单	张三	2020-3-10 4:22:47	0	1.75E+10	北京市北京市昌平区蓝天家园旁边土豆粉店
8	普通订单	张三	2020-3-10 4:52:04	0	1.75E+10	北京市北京市昌平区蓝天家园 24 号楼小卖部
9	普通订单	张三	2020-3-10 6:14:24	0	1.75E+10	北京市北京市昌平区蓝天家园东门门口
10	普通订单	张三	2020-3-10 6:33:58	0	1.75E+10	北京市北京市昌平区蓝天家园电话ⅠⅢⅡ㈢⒂②〇××××

1）反例的特点

（1）收件人姓名重复。

（2）手机号各不相同，该用户使用了作弊设备。

（3）收件地址为了不被反作弊策略识别，地址编写各不相同。

（4）收件地址中隐藏着收件人真正的手机号。

（5）收件地址在隐藏手机号时会使用"联系"这个动词。

（6）收件地址部分为"馆""店"。

（7）支付时间有间隔，已采用防反作弊手段。

2）规则建设思路

（1）填写信息：针对收件人姓名、收件人电话、收件地址设定策略。

（2）重名检测：每日符合条件的新用户数量有限，可根据历史数据进行学习，得出重名阈值，若重名个数＞重名阈值，则拦截相应用户。

（3）同数字音：对于与数字同音的文字，应在将其转换为数字后，判断连续程度，如联系我：幺扒零依依六捂××××。

（4）判断"电商黑产"用户应从多维度综合判断，用叠加打分的形式，进行弱特征叠加和设置不同风险等级。当综合分数或者单项特征分数达到设定阈值时，就进行拦截。简单的打分表如表 11-2 所示。

表 11-2

ID	条件	选项	ID 分值	打分结果	单项拦截条件	综合拦截条件
A	电话重复次数	0	0		无	
		1	1			
B	地址重复度	不同	0		ID 分值>3，拦截	
		同乡镇	1			
		同小区	2			
		同单元楼	3			
		同楼层	4			
		同门牌/门牌差一个字	5			
C	地址中连续序号性质的字符数量	4	0		ID 分值=5，拦截	ID 综合分值>7，拦截
		5	1			
		6	2			
		7	3			
		8	4			
		9 及以上	5			
D	地址中的数字字符是否超过 9 位	否	0		ID 分值=1，拦截	
		是	1			
E	是否包含"店""馆"	否	0		无	
		是	1			
F	是否包含"联系"	否	0		无	
		是	1			
G	同小区收件人姓名的重复个数	4	0		ID 分值=6，拦截	
		5	1			
		6	2			
		7	3			
		8	4			
		9	5			
		10 及以上	6			

在介绍完整体方案后，小诺说："以上就是我们打击'电商黑产'的整体方案，在实施过程中，我们可能需要根据实际情况进行调整，同时积累经验，这需要产研部门和运营部门紧密配合。我相信我们一定可以打败'电商黑产'！"

运营部门的负责人点头表示肯定，说："汤姆，看来我们和'电商黑产'要有一场持久战要打了。"

第 12 章

资讯个性化推荐

12.1 资讯的内容处理

今天是每月召开"小咖分享会"的时间，老汤姆在讲台上说："满足用户个性化的推荐需求，是一项很重要的工作，今天我们请小诺来为大家分享他之前是如何做资讯的个性化推荐的，以此来给大家一些启发。大家欢迎。"

小诺走上讲台，说："关于个性化推荐，我的理解是，按照每个用户的喜好，在合适的时间、合适的场景，把合适的内容，以合适的形式呈现给用户，满足用户的需求。

"这里涉及 3 个部分，用户、算法和策略、内容，资讯推荐的组成部分如图 12-1 所示。

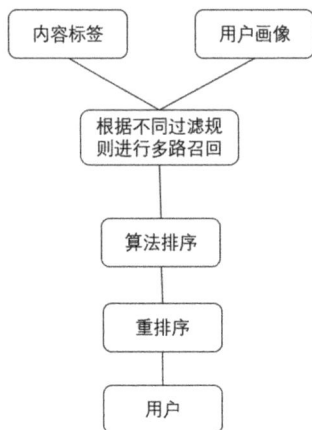

图 12-1

"'人'和'物'都是复杂的，我们需要用我们能理解的符号把人和物描绘出来，让我们的程序理解。大家一定会有这样的疑问，资讯的内容是从哪里来的？又是如何处理的？接下来我就为大家一一解答。"

12.1.1 资讯的内容来源

资讯的内容来源一般有 3 个。

1. 第三方网站提供

研发人员会编写程序，自动从各个资讯网站转载最新的资讯，并按照内容来源的分类，给这些内容标上不同的"马甲号"。

2. 企业的编辑撰写

企业的编辑会自行编写资讯。这部分资讯的特点是质量较高，有统一的规范和标准。

3. 入驻作者撰写

内容生产平台的入驻作者会撰写内容并将其发布到平台上，以此来获得粉丝关注并进行变现。此类内容题材丰富，但质量高低不一。

12.1.2 资讯的分类体系

有了资讯，我们需要把资讯分门别类地放在一个内容池中。如何分门别类呢？这就涉及资讯的分类体系。

京东上的商品有各种分类，如男装、女装、男鞋、女鞋等，如图 12-2 所示。

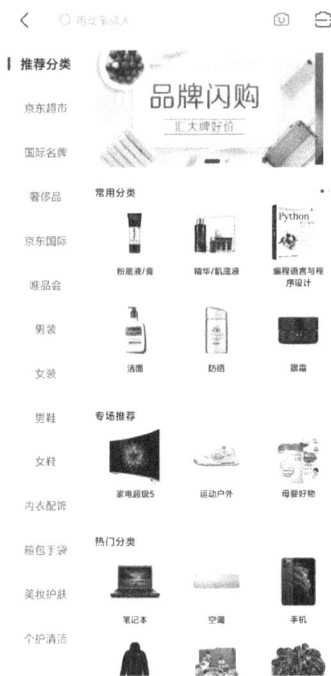

图 12-2

资讯也有分类。我们打开一个资讯 App，如今日头条 App，就可以看到导航栏有军事、历史等分类，如图 12-3 所示。

图 12-3

这是我们在前台可见的，其实在它的背后有一套庞大的分类体系。分类体系一般有 3 种形式：结构化的分类体系、半结构化的分类体系和非结构化的分类体系。

1．结构化的分类体系

结构化的分类体系层级分明，存在父子关系，如科技—互联网—AI，而分类和分类之间相互独立，如图 12-4 所示。

2．半结构化的分类体系

半结构化的分类体系具有结构化的形式，同时具有一些不成体系的分类，如知识图谱就是一种半结构化的分类体系。

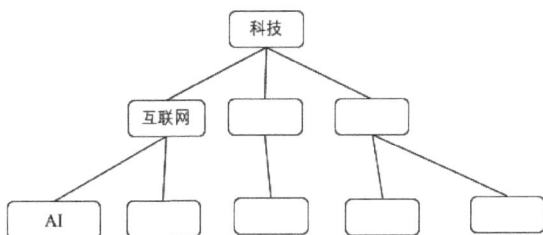

图 12-4

3．非结构化的分类体系

非结构化的分类体系比较灵活，不存在明确的父子关系，如独立的关键词标签。

12.1.3　常见的分类问题及内容分类原则

1．常见的分类问题

在对资讯进行分类之前，先来看常见的分类问题。

（1）一级分类=二级分类：如一些新闻的分类，一级分类的名称是美食，二级分类的名称也是美食，一级分类和二级分类的名称相同。

（2）二级分类不够全或分得较粗：如历史被分为古代史、近代史、现代史。

（3）一些分类较杂：如科学探索分类下包括各种内容。

（4）一些二级分类的归属不合适：在有职场这个一级分类的情况下，职业培训被放在了教育分类中。

（5）一些资讯没有归属：如办公软件的学习类资讯没有归属。

（6）AI 分类下的资讯有一些是玩偶。

分类做得不好，会影响用户体验。

2．内容分类原则

如何对资讯进行合理的分类呢？我们需要遵循一些原则。下面介绍一下内容分类中结构化分类体系搭建的原则。

（1）相互独立：各个分类间的内涵应当相互独立。

（2）完全穷尽：各个分类应当完全穷尽列举，下一级分类可以组成上一级分类的全集。

（3）命名应当短小易懂。

（4）命名应当准确无歧义。

（5）命名应具有内容代表性。

（6）分类粒度应当适合，不能较粗或较细。

（7）每个分类下的三级分类不能过于庞大。

（8）释义应当相对简单明了，不应长篇大论、太过专业。应当从 C 端用户的角度考虑，使标注人员可以理解分类的内涵，而非必须具有专业知识才可分辨分类。

12.1.4　分类体系的构建

如何构建分类体系呢？有两个思路。

1．程序抓取

让程序根据站内用户的浏览记录，抓取浏览量比较多的关键词，根据这些关键词去整合分类。

但从实际操作来看，用户的兴趣分层是（一、二、三级）分类—主题—兴趣点—关键词这样的层级，如科技（一级分类）—互联网（二级分类）—AI（三级分类）—智能办公（主题）—语音助手（兴趣点）—小爱（关键词）。

如果我们根据关键词向上整合分类，就比较难实施。

2．人为定义

1）操作步骤

我们人为地定义出一、二、三级分类，具体操作步骤如下。

（1）了解每个一级分类的内涵，查阅大量相关网站，查看网站内容和分类。

（2）根据网站分类，逐一列举，从日常用户兴趣角度出发，列举三级分类的分类词。

（3）从三级分类合并为二级分类，以及二级分类拆分为三级分类双向进行整理。

（4）对分类给出释义和边界，以便标注人员区分。

2）新的问题

在这里我们引入了两个新的问题，如何保证三级分类下的资讯充足？如何保证人工分类的准确性？

我们采取了两项措施。

（1）针对第一个问题：我们把三级分类词，如"AI"放进资讯召回系统中进行搜索，可以看到以"AI"为关键词可以召回的资讯内容及数量，以此来判断此三级分类下的资讯是否充足。

（2）针对第二个问题：部分资讯要先经过标注人员的人工标注，在标注时，标注人员会反馈具体某个三级分类存在的问题及不合理性，产品人员、运营人员、编辑都会介入此环节，对不合适的三级分类进行修改。

12.1.5 内容的标注与机器学习

1. 内容的标注

在完成分类体系后，接下来我们要进入标注环节。

编辑对自己撰写的内容，在发布前会选择对应的分类。入驻作者撰写的内容，会经过标注人员的标注，标注的目的是为内容选择对应的分类。标注人员也会根据相关标准标注内容是否涉"黄赌毒"、涉"政"等，还会标注内容的时效性。内容运营人员也会设置质检小组，对编辑和标注人员的标注结果进行抽样检查。

2. 机器学习

标注人员会对所有内容都进行标注吗？答案是否定的。

（1）标注人员标注一定数量的内容，算法工程师会运用算法对人工标注的样本进行有监督的机器学习，把剩余的内容用程序给它标注上对应的分类。

（2）算法工程师会使用多种方法来对内容进行机器学习，如使用3种方法对新的内容样本进行分类。

（3）标注人员对使用3种方法进行分类的内容进行校验，从而得出3种方法为内容分类的准确性，计算公式为

机器标注准确率=标注人员分类和机器分类相同的内容数量/总的内容数量

（4）算法工程师对标注不准确的内容继续进行机器学习，不停地迭代和优化算法。

针对外部抓取的内容，算法工程师也会用这种方法对它们进行标记分类。到这里，我们的资讯就可以被分门别类地放在内容池的不同地方了。

12.2 资讯用户的画像和特征

12.2.1 资讯用户的画像

除了内容的画像，我们还需要资讯用户的画像。什么是用户画像？我认为用户
画像是对用户这个客观实体的描摹。

例如，我对自己进行一个总结：男，175cm，26 岁，无车，65kg，产品经理等。
这就是我的用户画像，如图 12-5 所示。

图 12-5

为什么做资讯个性化推荐需要用户画像呢？因为我们只有了解了用户，才能把
用户最想要的东西推荐给他。

12.2.2 资讯用户的特征

1. 特征介绍

前面已经介绍过用户画像标签体系，这里简单介绍一下特征。

标签包含特征，特征可以是标签。特征可以被当作研究对象自身产生的属性（如
自变量 x ），而标签是对特征的归纳性或推演性总结（如因变量 y ）。例如，给一个用户
打上"忠实用户"的标签，那么"忠实用户"具有什么样的特征呢？我们定义"忠实

用户"需要每天打开我们的 App 的次数大于或等于 1，总浏览时长大于 1 小时。

从时效性上划分，特征分为长期特征、短期特征和实时特征。

长期特征：如用户基本信息中的部分特征，如性别、年龄、生日等。

短期特征：如用户的兴趣爱好和行为特征，需要说明的是，用户的兴趣爱好也分为长期和短期，但这个是相对的，兴趣爱好仍然被放在短期特征内。

实时特征：如用户的实时地理位置、实时网络状态等。

2. 特征获取

如何获取用户的特征数据呢？

部分事实特征数据是通过用户主动填写或埋点来获取的，如用户主动填写的性别数据、通过埋点获取的用户浏览时长数据。

另一部分特征数据是根据业务指标对事实特征进行复合计算得到的，如用户的文章平均阅读时长=用户阅读的总时长/用户阅读的总文章数。

在这里我们要思考一个问题，如果用户没有填写某些信息（如性别），或者我们获取不到，怎么办？一般我们有两种方法来解决这个问题。

① 引入第三方数据补全用户画像特征。

② 算法工程师把填写了性别的用户作为样本，按照男、女分别进行有监督的机器学习，从而对性别特征不完整的用户进行模型训练，得出这部分用户的性别。但这是一个概率值，如 A 用户的性别为男的概率是 70%，为女的概率是 30%。

介绍完了事实特征，再来介绍模型特征。模型特征需要我们制定一些规则，为业务场景服务，如用户流失等级，运营人员可以针对不同流失等级的用户，运用不同的运营策略。例如，我们做出如下规定。

① 3 天未打开新闻客户端的用户，流失等级为 A。

② 7 天未打开新闻客户端的用户，流失等级为 B。

③ 15 天未打开新闻客户端的用户，流失等级为 C。

④ 30 天未打开新闻客户端的用户，流失等级为 D。

⑤ 60 天未打开新闻客户端的用户，流失等级为 E。

⑥ 90 天未打开新闻客户端的用户，流失等级为 F（用户已流失）。

12.3 资讯的推荐算法

什么是召回？通俗易懂地来理解就是，根据用户的一些条件，把符合这些条件的资讯从广阔的内容池中召唤出来，放到一个小的池子中。

12.3.1 资讯的信息抽取

在召回前我们会做一些准备工作。

首先是进行信息抽取，资讯是由 HTML（Hyper Text Markup Language，超文本标记语言）编写的，<title>（文本标题）、<head>（文本头部内容）、<body>（文本正文）都是成对出现的，都是半结构化的数据。程序在对资讯进行信息抽取时，也是按照这样的结构，用深度优先遍历，按照栈结构先进后出的特点来抽取的。

1. 深度优先遍历

图 12-6 是一个树结构，我们需要把每个节点都走一遍。深度优先就是纵向最深，我们按照从左到右深度优先的规则把每个节点都走一遍，得出的顺序就是 A—B—E—F—C—G—D—H—I。

为什么在抽取资讯的信息时要用深度优先遍历呢？这是因为一篇文章的结构是有标题、有正文，在 HTML 语言中代表标题和正文的标识在每个部分的前后出现，相互一层层嵌套，采用深度优先遍历抽取出的信息结构不会混乱。

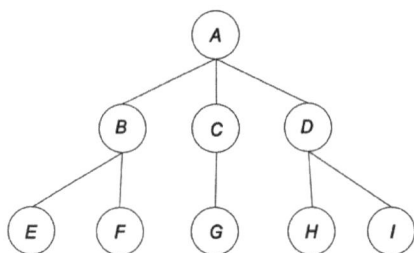

图 12-6

2. 主体的识别

在抽取信息后，程序需要识别出哪些是正文、哪些是广告。人可以轻易识别正文和广告，但是程序需要一些规则辅助，才能识别正文和广告。

例如，我们用投票方法对文本块进行打分，规定文本块的位置：在页面中间的为 3 分，在页面左右两端的为 1 分，在页面底部的为 2 分。

12.3.2 资讯的分词方法

在抽取信息之后，我们要对资讯内容进行分词。人可以根据学习经验对文本进行断句，但机器并不知道，所以我们需要使用一些方法，下面介绍 3 种方法。

1. 字典最大前缀树

要使用字典最大前缀树方法，我们需要有一个字典集，其中包含所有的词语，当机器"读"一句话的时候（见图 12-7），将"个性化推荐真好玩"按照字典集中存在的词语从左到右进行匹配，"个性"是一个词语，做一个记录，继续往下；"个性化"又是一个词语，再做一个记录；"个性化推"不是一个词语，继续向下；"个性化推荐"

是一个词语……直到找到最大的词组。

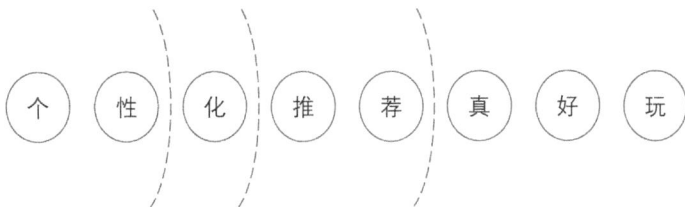

图 12-7

2. N-Gram 分词

N-Gram 中的 N 表示对一句话用几个字去拆分，如 N=3，"个性化推荐真好玩"就会被拆分为"个性化""性化推""化推荐"等。

3. 基于统计学的分词

例如，贝叶斯公式，根据语料库的历史信息，分析当一个汉字出现时，另一个汉字出现在它后面的概率，从而进行分词。

12.3.3 资讯的过滤排重

在分词后我们会进行一些过滤：敏感词过滤、低质过滤、排重。

1. 敏感词过滤

敏感词过滤是指根据既定的一些敏感词，把包含这些敏感词的资讯过滤掉。

2. 低质过滤

低质过滤是指根据机器学习的历史低质资讯算法，以及标注人员标注的低质资讯，对资讯进行过滤。

3. 排重

我们需要对相似度较高的资讯进行去重。下面介绍两种方法。

1) I-Match（找相似）算法

假设有 A、B 两篇文章，我们首先统计出这两篇文章的高频词、中频词、低频词，去掉高频词和低频词，比较 A、B 两篇文章的中频词的相似度，卡一个相似度的阈值。

2) Shingle（瓦片）算法

假设有 A、B 两篇文章，A 文章的内容是"我困了晚安我睡了"，B 文章的内容是"我累了晚安我睡了"。Shingle 算法会把 A 文章拆分为"我困了，困了晚，了晚安，晚安我，安我睡，我睡了"，把 B 文章拆为"我累了，累了晚，了晚安，晚安我，安我睡，我睡了"。两篇文章的相似度=重复词汇量/（A 文章的词汇量+B 文章的词汇量-重复词汇量）=4/（6+6-4）=50%，卡一个相似度的阈值。

对相似度达到阈值的文章进行过滤，仅留一篇，如按照发表的先后顺序或者按照文章的质量等保留一篇文章。

12.3.4 资讯的召回模型

一般来说，我们会有多路召回，每一路召回都有其合理性。

1. 基于用户属性的召回

例如，根据用户的地理位置、性别、设备型号等对资讯进行召回。

2. 基于用户兴趣的召回

例如，根据用户对各类资讯的兴趣程度对资讯进行召回。举例：选取用户在近 7 天内点击的文章所属的三级分类下的文章，按照当下点击数量由多到少地选取 30 篇文章进入这路召回的集合。

3．基于用户行为特征的召回

例如，根据用户在站内的行为特征对资讯进行召回。举例：我们规定用户对文章的以下行为代表用户的行为特征，对某篇文章点赞（1 分）、评论（2 分）、转发（3 分），我们选取用户在近 7 天内得分最高的 5 篇文章所在的三级分类下的 30 篇新文章进入这路召回的集合。

4．基于协同的召回

1）空间向量模型

在介绍协同之前，先来介绍一个空间向量模型。

我们把每个用户表达成一个个标签特征，我们想象每个标签就是一个坐标轴，每个特征的分值就是这个特征在坐标轴上的长度，这样我们可以在一个多维坐标轴上，用一个向量来描述一个用户，代表不同用户的两个向量的夹角越小，就表示两个用户越相似。详见余弦夹角公式：

$$\cos\theta = \frac{A \cdot B}{\|A\|\|B\|}$$

2）协同

（1）基于用户的协同。如果 A 用户和 B 用户在向量化后很相似，那么我们认为 B 用户喜欢的东西，A 用户也会喜欢，于是我们把 B 用户喜欢的东西推荐给 A 用户。

（2）基于内容的协同。如果 A 用户喜欢甲文章，甲、乙两篇文章在向量化后很相似，那么我们认为 A 用户也会喜欢乙文章，于是我们把乙文章推荐给 A 用户。

（3）基于整体的协同。例如，有 A、B、C 三个用户，A 用户喜欢甲、乙文章，

B用户喜欢甲、乙、丙文章，C用户喜欢甲文章，于是我们认为喜欢甲文章的用户都会喜欢乙文章，我们把乙文章推荐给C用户。

12.3.5 资讯的算法排序

每路召回形成的都是一个基于每个用户的集合，我们需要把多个集合作为输入集灌入排序模型中。排序模型会通过模型对用户和资讯的每个特征的权重进行计算。

常用的排序模型有逻辑回归、梯度提升决策树、因子分解机等，以及它们的复合变种。

经过排序后，对于每个用户，我们会输出一个资讯偏好评分由高到低排列的信息流。

12.4 资讯的重排策略及案例

12.4.1 常见的重排策略及策略的目标

1．常见的重排策略

（1）新用户兴趣试探策略。

（2）兴趣打散策略。

（3）本地化推荐策略。

（4）分网络状态推荐策略。

（5）分时段推荐策略。

（6）搜索行为策略。

（7）负反馈策略。

（8）分场景策略。

（9）热点事件策略。

（10）通勤场景策略。

（11）季节性策略。

（12）流失召回策略。

2. 策略的目标

在工作中，我们都会有目标，如提高 UV（Unique Visitor，独立访客）点击率、次日留存率，延长用户的平均阅读时长等。

（1）对于新用户，我们要尽快发现他们的兴趣，把他们留下来，并提升其点击率。

（2）对于老用户，我们要发掘他们更多的兴趣，提升其点击率，延长其平均阅读时长，降低其流失率。

12.4.2 资讯的重排策略案例

这里来分享一个案例：分网络状态推荐策略。需要说明的是，这里只简述思路，实际策略方案要更加严谨和复杂。

1. 猜想与调研

1）猜想

从实际体验出发，当在无线网络状态下，用户会较多地浏览视频类资讯，而在有线网络状态下，用户对视频类资讯的浏览会较少。如果用户的行为符合这个猜想，那么在不同的网络状态下调整不同类型资讯的占比，可以增加用户的点击量、提升用户的点击率。

2）调研

为了验证这个猜想，我们可以做一个竞品调研。例如，我们要调研 A、B、C 三个新闻客户端在无线网络和有线网络状态下，其首页前 100 条资讯中视频类资讯的数量（广告除外）。假设我们得到的结果如表 12-1 所示。我们需要做 A/B 测试来观察效果。

表 12-1

新闻客户端	在无线网络状态下，首页前 100 条资讯中视频类资讯的数量/条	在无线网络状态下，视频类资讯占首页前 100 条资讯的比例/%	在有线网络状态下，首页前 100 条资讯中视频类资讯的数量/条	在有线网络状态下，视频类资讯占首页前 100 条资讯的比例%	说明
A	19	19	5	5	可以看到，在有线网络状态下相比在无线网络状态下，A 的视频类资讯占首页前 100 条资讯的比例降低
B	18	18	6	6	可以看到，在有线网络状态下相比在无线网络状态下，B 的视频类资讯占首页前 100 条资讯的比例降低
C	20	20	5	5	可以看到，在有线网络状态下相比在无线网络状态下，C 的视频类资讯占首页前 100 条资讯的比例降低

2. 实验设计

1）实验规则

（1）网络状态：实验组和对照组按照要求处在对应的网络状态下。

（2）人群划分：圈选 25 万个用户，从多个维度均匀选取等量的用户，分为 5
组，使 5 组用户同质。

（3）变量控制：只有首页前 100 条资讯中视频类资讯所占的比例不同这一个
变量。

（4）用户要求：每个组的 5 万个用户，只有当一个用户当日有分别在无线网络和
有线网络状态下浏览新闻的行为时，他才会被计入统计范围。

2）实验组设计

（1）对照组 1：5 万个用户保持线上逻辑，无线网络和有线网络状态，首页前
100 条资讯中视频类资讯的比例相等。

（2）对照组 2：5 万个用户保持线上逻辑，无线网络和有线网络状态，首页前
100 条资讯中视频类资讯的比例相等。

说明：保证实验组和对照组的变化，不是由于人群包切分或其他因素造成的。

（3）实验组 1：针对 5 万个用户，在无线网络下，首页前 100 条资讯中视频类资
讯的比例与对照组相同；在有线网络状态下，首页前 100 条资讯中视频类资
讯的比例降低 5%。

（4）实验组 2：针对 5 万个用户，在无线网络下，首页前 100 条资讯中视频类资
讯的比例与对照组相同；在有线网络状态下，首页前 100 条资讯中视频类资
讯的比例降低 10%。

（5）实验组 3：针对 5 万个用户，在无线网络下，首页中前 100 条资讯中视频类

资讯的比例与对照组相同；在有线网络状态下，首页前100条资讯中视频类资讯的比例降低15%。

3. 实验评估

1）观测指标

各个分组（按日）：人均曝光量、人均点击量、人均点击率、人均阅读时长、次日留存率等。

2）数据观测

亲自体验线上情况，同时观测每个对照组和实验组的数据表现。

3）策略复盘

实验设计是否合理，是否引入了其他变量，策略是否在线上生效，数据是否符合预期，用户对此需求的真伪，策略总结。

小诺说："以上是我今天分享的全部内容，谢谢大家捧场。"老汤姆很满意，说："今天小诺关于资讯个性化推荐的分享内容非常翔实，让大家理解了资讯个性化推荐的全貌。感兴趣的人可以继续与小诺交流。"

第13章

电商个性化推送

最近企业的一些部门做了人员调整，运营部门新来了几位运营人员，负责 push 消息（推送消息）。为了让产品人员与运营人员更好地协作，老汤姆和运营部门的负责人安排了一场"push 产品介绍会"，请小诺为运营部门和其他部门的同事介绍。

小诺准备了很久，并从听众的角度用通俗易懂的语言来为大家介绍。会议开始了，小诺说："我是小诺，很高兴见到大家。今天我要分享的主题是'电商 push'，主要从以下 3 个部分进行阐述，即 push 的衡量、优化方向及推荐案例。"

13.1　push 的衡量

13.1.1　push 的目标与本质

什么是 push？App 为用户推送消息就是 push。push 的目标和本质是什么呢？

1．push 的目标

push 的目标是获取新用户、激活老用户、召回流失的用户。

2．push 的本质

push 的本质是将合适的内容，在合适的时间和合适的场景下，推荐给合适的用户，并带来转化。

13.1.2　push 的衡量指标

当我们为用户推荐商品之后，如何来看推荐效果呢？这就需要用到 push 的衡量指标。

（1）从短期来看，push 的衡量指标是拉新数量和拉新贡献度。

（2）从长期来看，push 的衡量指标从推送、点击、到达、浏览、加购、下单、支付、复购整个链条来提高，为最后的 GMV 负责。

（3）从用户行为路径来看，一条 push 经历了到达、展示、点击、浏览、加购、下单、支付的流程，push 的衡量指标也因此产生，如表 13-1 所示。

表 13-1

push 的衡量指标	定义	公式	粒度
push 到达率	衡量 push 推送中，能到达用户的数量比例	push 曝光数/push 发送数	push

push 的衡量指标	定义	公式	粒度
push 点击率	衡量 push 内容的好坏及吸引程度	push 点击数/push 曝光数	push
落地页停留时长	用户从点击 push 进入落地页到离开落地页的时间长度，此指标可衡量 push 内容和落地页内容的匹配程度	离开落地页的时间-进入落地页的时间	push
人均接收 push 数量	衡量用户每日接收 push 数量的多少，判断用户是否被打扰	push 曝光数/UV	人
接收 push 数量分布区间	衡量每日接收不同数量 push 的用户分布，以判断用户是否被打扰，以及被打扰的用户所占的比例		人

13.2 push 的优化方向

好的 push 应该具备 4 个要素：效率高、算法准、推荐好、展示靓。

13.2.1 效率高

一个效率高的推送系统应该保证以下两点。

（1）能够快速地进行下发。为了达到这个目标，我们会对提前设置好的算法类型的班车制的 push，进行离线计算，而对需要随时下发的自动化或人工配置 push，提高实时处理效率。

（2）push 在下发过程中，会有折损，我们应当从 push 下发的各个环节去减少折损，保证 push 能够触达用户。push 下发的整个链路如下。

① 原始请求数：运营人员或系统圈选出的，给到 push 服务，期望下发的设备数量。

② 计划推送数：原始请求数减去地区白名单过滤的 push 数量。

③ 可找到设备数：计划推送数减去不可找到设备的数量。不可找到设备的原因有如下几个：App 超过一定天数未联网；取消注册（设置）别名（账户）；注册失败别名（账户）；设备未注册（或注册不正确）别名（账户）或 pushID。

④ 可找到 App 数：可找到设备数减去不可找到目标 App 数量。不可找到目标 App 的原因有如下几个：设备已卸载目标 App；未安装（未注册）目标 App。

⑤ 有效设备数：可找到设备数减去不符合条件设备数。设备不符合条件的原因有如下几个：网络条件不符合；地理位置不符合；App 版本不符合；地区/语言不符合。

⑥ 实际下发数：有效设备数减去过滤条件。过滤条件有如下几个：限速发送；当前设备不在线；透传消息 App 未启动；消息有效期已过；未知卸载。

⑦ 送达数：实际下发数减去未回复 ack 数量。

⑧ 展示数：送达数减去屏蔽通知栏数量。

⑨ 点击数：展示数减去未上报点击数和未点击数。

13.2.2 算法准

1. 商品画像

对于算法类的 push，我们想要把用户喜爱的商品推荐给他（商品的推荐流程如

图 13-1 所示），就要了解用户和商品，所以我们要创建商品画像和用户画像。

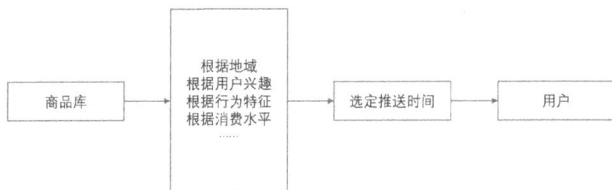

图 13-1

前文已介绍过用户画像，这里只介绍商品画像。商品画像如表 13-2 所示，主要由商品分类和属性特征构成，可将这些特征应用于推荐算法中。

表 13-2

商品分类	一级分类、二级分类、三级分类
商品的基本属性特征	店铺名称、店铺 ID、商品名称、品牌、同义词、颜色、尺码（3C 商品的颜色和尺码除外）、扩展属性（如季节、长短、款式风格等）、基础广告词
3C 商品（计算机类、通信类和消费电子商品）的规格参数	型号、颜色、操作系统、网卡、核心数、推荐用途、适用机型、适用型号、打印机类型、声道系统、定频/变频、自动化程度、类别、主板兼容、适用范围、接口类型、散热器类型、核心、摄像头、CPU 核数、CPU 型号、CPU 类型

对于商品画像，商品上下架、库存、价格、评论数等应采取增量更新，商品标题、分类、属性、主图、销量、评论等应采取全量更新。

2. 推荐的冷启动

在使用个性化推送算法为 push 赋能时，我们应当了解被触达人群的成分（如性别、地域等），这有助于我们更好地进行个性化推送。

我们一般将用户分成两大部分：一部分是在近 n 天内做出过行为的用户，这部分用户相对活跃；另一部分是在近 n 天内没有做出行为的用户。

假设 n 取 30，对于在近 30 天内做出过行为的用户，我们可以应用各种算法模型。但对于在近 30 天内没有做出行为且历史行为比较稀疏的用户，我们需要制定相应的方案，详见 13.3 节。

13.2.3 推荐好

算法准就一定是好的推荐吗？答案是否定的。那么什么才是好的推荐呢？好的推荐不仅要准，还要有良好的用户体验。

1. 用户隐私的保护

我们的算法可以根据用户的个体行为或群体行为，向用户推送符合其喜好的商品。但有些商品是不适合推送的，如带有私密性质的商品。用户不喜欢他人窥探自己的隐私，更不喜欢他人在窥探自己的隐私后，主动地进行"骚扰"。因此，针对不适合推送的商品及带有某些关键词的商品，我们应设置一个过滤库。

2. 文案的设计

1）增加 push 的丰富度

例如，针对活动和热点事件的全量推送；针对某用户群体的带有促销活动信息的群体推送。

2）打造具有吸引力的文案

对于某个 push，我们可以设置多个文案，用 A/B 测试的方法进行文案"赛马"：将同质用户分组，向其推送同一个 push 的不同文案，找到快速获得点击并且点击率高的文案，将其全量发送。

3）push 文案的规范

push 文案的规范应从文案基础、形式多样性、用户感知、用户习惯等方面考虑。具体如下。

（1）文案基础。文案应无错别字、错误标点；主语突出，无无意义词语冗余；文案完整，或主述对象完整；若文案过长，则可在末尾用省略号提示。

（2）形式多样性。可使用图片、文字、表情等，以丰富文案的形式。

（3）用户感知。例如，可在文案中@用户，让用户产生参与感；在文案中提及用户熟知的人名、电影名，以及时下的热点、热句，让用户产生亲近感。

（4）用户习惯。例如，有的用户习惯看全角字符的文案，认为半角字符的文案不正规。

3．落地页的设计

（1）落地页的内容和 push 的内容应该保持一致，相辅相成。

（2）落地页的内容应该突出商品主体，抓住用户的眼球。

（3）对新用户来说，因使用习惯还未养成，对产品的了解也不够多，所以落地页最好有一定的指引，引导用户理解产品。

4．push 的频控设计

push 不应过于频繁，以免打扰用户。

（1）对于每日每个用户的 push 数量应该设置上限。例如，系统消息或者互动消息类的 push 数量可以无上限，活动和个性化推荐类的 push 数量应控制在 5 条以内。

（2）push 的时间段应选择用户的空闲时间，一般分布在 8:00—12:00、14:00—18:00、18:00—22:00，在每个时间段可以让用户最多只收到 1 条 push 消息，以保证用户体验良好。

（3）从长期来看，我们可以通过模型计算出用户一般在每日早上、中午、晚上活跃的时间段，进行个性化的推送。

13.2.4　展示靓

1．展示层面

以下几点可以作为参考，但要把握好尺度。

1）带图的 push 消息

push 消息带有商品图片，可以直观地展示商品。例如，主图 push 消息带有效果较好的商品图片，文字悬浮于图片之上，只有标题，没有摘要，可以直观地展示商品。

2）带按钮的 push 消息

push 消息带有选择按钮，不同按钮对应不同落地页，可以让用户产生点击的欲望。

2．表达层面

例如，push 消息中的图片是商品价格变化的折线图，表明现在的价格是近期内的最低价，可以让用户产生想要快速了解商品的欲望。

13.3 push 的推荐案例

13.2 节提到，对于在近 30 天内没有做出行为且历史行为比较稀疏的新用户，我们需要制定相应的方案，下面就给出相应的方案。

13.3.1 新用户推荐方案

1．产品现状

（1）除在近 30 天内做出过行为的用户之外的用户，其行为较稀疏或时效性较差，不适合用现有的基于协同的召回模型。

（2）对此类用户使用基于协同的召回模型，push 点击率极低。

2．产品规划

新用户推荐模型如图 13-2 所示。

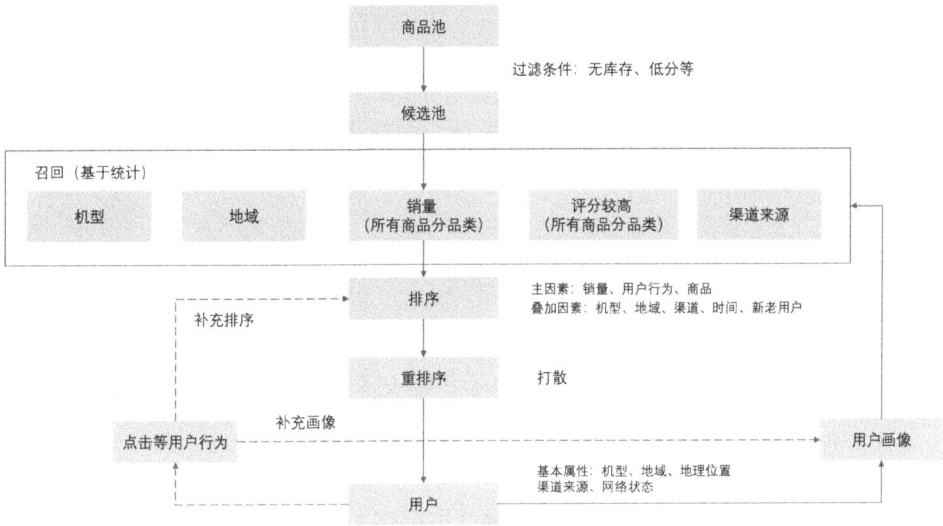

图 13-2

前期：基于用户的基础属性和商品属性做统计，进行召回；在排序上基于商品
属性和用户行为加权做排序。

后期：优化重排策略，提升用户体验。

3. 方案实施

1）过滤

（1）过滤无库存商品。

（2）过滤好评率低（好评率低于 98%）的商品。

2）召回层

（1）分机型统计历史新用户首单商品差异，评估机型维度下的商品差异。

注：如在机型维度下历史新用户首单商品差异不大，则需对机型分手机的价格区间进行归类查看，目的是排除新用户首单商品和机型关系较弱，但和机型所在的价格区间关系较强的可能。

（2）分地域（设备所在一级城市）统计历史新用户首单商品差异，评估地域维度下的商品差异。

（3）统计历史上所有用户产生订单的商品，对各个二级品类销量排前100位的商品进行召回。

（4）统计历史上所有新用户首单的商品，对各个二级品类销量排前100位的商品进行召回。

（5）基于历史产生订单的来源［App、小程序、M 站（手机网页端页面）、PC站、第三方广告渠道］进行统计，查看差异情况，如分渠道来源维度，若有差异，则可根据用户渠道来源进行召回。

（6）其他可获得的用户的基础属性。基于统计查看以上召回路径情况，如果某个属性在分维度统计后，对应的数据有明显差异，就对其进行应用。

3）排序层

（1）主要考虑因素：首单销量＞用户行为＞其他。

（2）叠加维度因素：机型、地域、渠道、时间、新老用户（前3个因素需要在前面统计时被证明有效）。

因素排序如表 13-3 所示。

表 13-3

主因素	机型（α）	地域（β）	渠道（γ）	时间（δ）	新老用户（ε）
销量（X）	√	√	√	√	√
行为（Y）	√	√	√	√	

① 排序：$aX+bY$。

② 可先给 a、b 一个初始值，$a=70\%$，$b=30\%$，后面根据效果调整。

③ X、Y 具体选取哪些维度（α，β，γ，δ，ε），根据实际情况确定。此处可分组进行实验，评估具体每个维度因素对用户反馈产生的影响，以决定选取哪些维度。

④ 维度取值列表。

α 的取值为（华为，小米，iOS，OPPO，vivo，其他）。

β 的取值为（设备所在一级城市）。

γ 的取值为（App，小程序，M 站，PC 站，第三方广告渠道）。

δ 的取值为（1 天，3 天，7 天，15 天，30 天）。

ε 的取值为（全量用户订单范围，新用户首单订单范围）。

⑤ 可根据情况对 X、Y 在不同维度的具体阈值给定初始值，如 $X(\alpha) =$ 前 100。

4．上线方式

1）A/B 测试

（1）控制单一变量进行实验，保证实验组与对照组除实验条件外不受其他因素的影响，实验分组根据具体因素确定。

（2）算法引擎对每个实验组分配有效等量的新用户，保证均匀多维度随机切分。

（3）关注每日 A/B 测试的数据变化，对比核心指标的变化，根据各因素对指标数据影响的强弱程度确定其权重。

2）上线流程

（1）进行 A/B 测试，通过实验数据对比核心指标的效果。

（2）选择最优点进行小流量上线。

（3）小流量的数据质量符合预期。

（4）全量上线。

（5）监控数据指标。

13.3.2　推荐的效果评测

1. 离线推荐效果评估量表

离线推荐效果评估量表如表 13-4 所示。

表 13-4

模块	维度	类型	分数
新人页推荐流	是否有结果	有结果	2
		平台无结果	1
		策略无结果	0
	召回个数	≤3	0
		4~20	1
		>20	2
	商品排序	不准确（前 3 个有 2 个 BadCase；或第 4~20 个有 3 个 及以上 BadCase）	0
		较准确（前 3 个有 1 个 BadCase；或第 4~20 个有不大 于 2 个 BadCase）	1
		准确（第 1~20 个均无 BadCase）	2

结果排序中的 BadCase（不符合预期的例子）说明：按照排序特征，从用户角度

体验，发现甲商品应排在乙商品前面，却排在了后面，算作 1 个 BadCase。

2. 在线评估指标

在线评估指标在这里主要是用户的 push 点击率。

小诺分享完毕，说："以上是我今天要分享的全部内容，谢谢大家。"大家对小诺深入浅出的讲解表示赞许，鼓起了掌。运营部门的负责人对老汤姆说："汤姆，相信在 push 这方面我们会合作得很顺畅。"老汤姆说："我们一起利用好 push 消息触达用户的能力，相信一定会为我们的业务增长赋能。"